林徽因诞辰 120 周年珍藏版

她，是中国第一代女建筑师

&

鼓舞着千千万万女性，
不要被性别所束缚，
不要被任何人定义！

作为诗人

她是当时文坛特殊的存在,创作了各类型脍炙人口的作品。传诵最多的,是她以细腻笔触和独特视角创作的诗歌。

1. 1928年,上海《图画时报》上介绍林徽因

2. 1936年,林徽因在北总布胡同三号家中

作为建筑学家

25年走遍15个省190多个县，考察测绘2738处古建筑物。

她以其深厚的学术造诣，在中国建筑学史上留下了不可磨灭的印记。

1. 1933年，林徽因在河北正定开元寺考察
2. 1934年，梁思成与林徽因在山西考察民居
3. 1936年，林徽因在山东滋阳（今济宁兖州）兴隆寺塔测绘
4. 1936年，林徽因在山东历城神通寺墓塔考察
5. 1937年，林徽因在赴北平香山考察古建筑途中
6. 1937年，林徽因在五台山塔院寺考察
7. 1937年，林徽因在五台山佛光寺祖师塔上檐
8. 2024年，宾夕法尼亚大学正式向林徽因追授建筑学学士学位

1	2	5	6
3	4	7	8

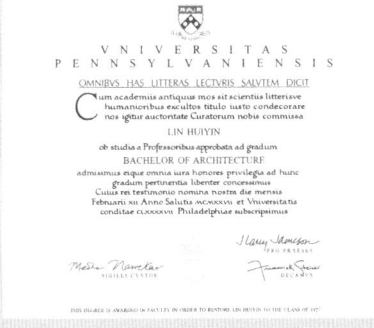

作为女性

一身诗意千寻瀑,
万古人间四月天。
她坚忍、独立,灿如星辰,
成为女性高山仰止的典范。

1. 1931年，林徽因与梁思成加入中国营造学社后于北平合影
2. 1932年，林徽因与女儿、儿子在北平家院子里
3. 1935年，朝阳门外骑马归来的林徽因
4. 1950年，林徽因与清华建筑系首届毕业生合影
5. 1952年，林徽因、梁思成会见英国建筑师斯金纳

诗人、才女、名媛……

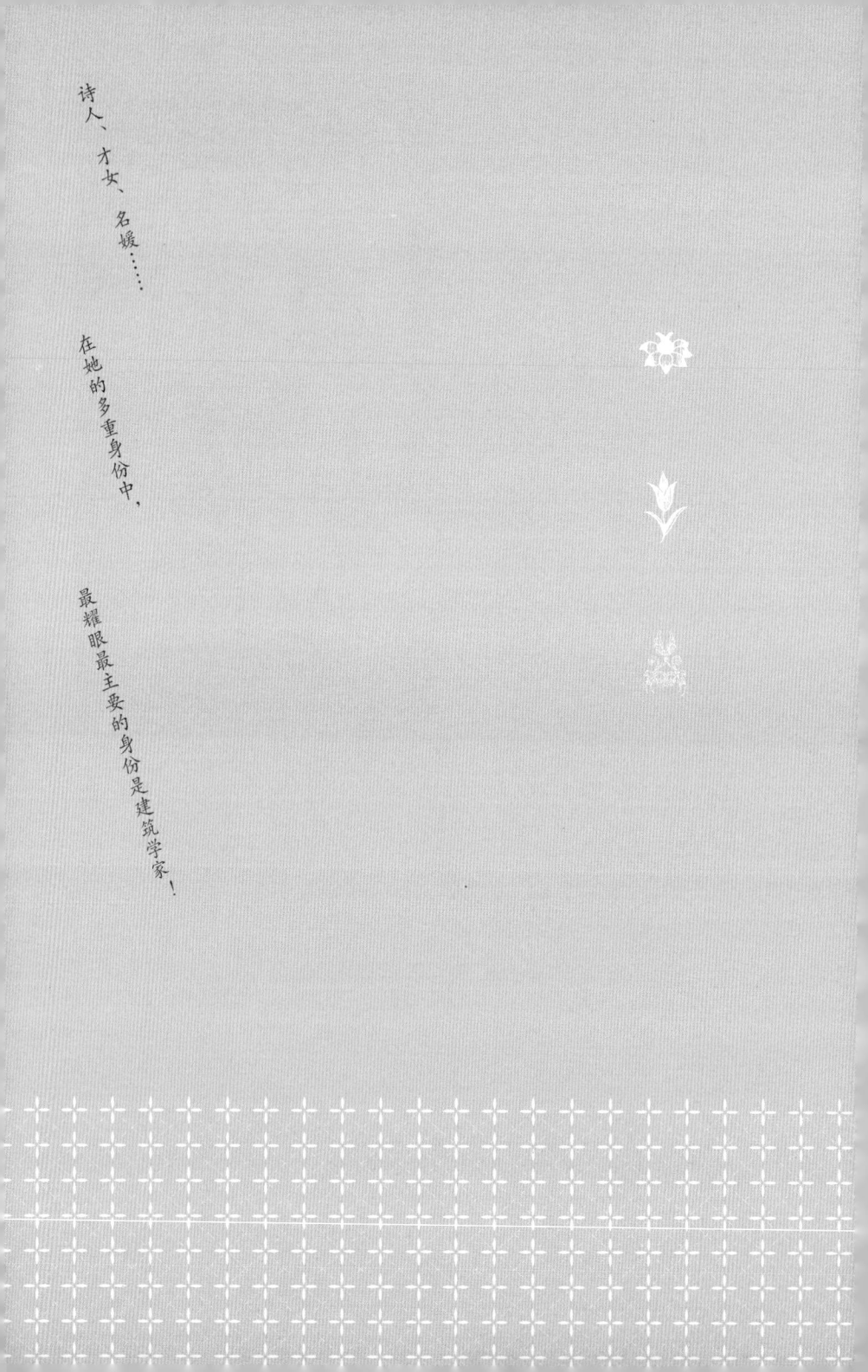

在她的多重身份中，

最耀眼最主要的身份是建筑学家！

桑妮 ◎ 著

心中有丘壑，眉目作山河
林徽因传

心中有丘壑,眉目作山河

林徽因传

目录

序 浮生之中,她如四月春风 1

一 世有女子,名林徽因 001

康桥 022
初识 012
尘世 002

二 人生如寄,离合盛宴 029

抉择 045
离别 037
成全 030

三 不亏不欠,只谢遇见 051

安稳 064
相忘 058
良药 052

四 烟火人间,如是生活 073

锦时 086
意浓 080
相伴 074

I

五 尘世如斯，雾来云去 091

伤逝 110

知己 102

山居 092

六 保持热爱，奔赴山海 119

建筑 120

吾爱 130

甘苦 139

七 乱世微尘，颠沛流亡 153

烽烟 154

昆明 162

李庄 173

八 芳菲四月，风华依旧 189

曙光 190

北平 200

静好 209

绚烂 218

II

序

浮生之中,她如四月春风

"真正的平静，不是避开车马喧嚣，而是在心中修篱种菊。"

这是我心中永远的锦句。

相信也是许多女子心中的锦句。

只是，这谨记心间的言语，在现实的喧嚣浮华里，渐渐成了一份奢望。

可百年前，却有个淡雅的女子做到了。

她，就是受千万人爱慕的民国女子林徽因。

头衔里有着大家闺秀、社交名媛的林徽因，除了有林长民的女儿，梁启超的儿媳，梁思成的太太，徐志摩的心上人，陆小曼的情敌等诸如此类世人皆知的标签外，才貌双全的她，也是当今女子的榜样。

她是一个聪慧的女子。

和所有女子一样，少女时期的她也爱浪漫。遇见风流倜傥的徐志摩，她也会怦然心动。然而，面对不合适的爱情，小小年纪的她却能冷静、理智地抽身而退。

一如简·奥斯汀笔下的埃丽诺，她们皆是那种小事感性、大事理性的女子。

传奇般天崩地裂的爱情，不是她想要的。因为，她太明白其间的得失了。

暗思忖，作为梁太太的她，之所以获得人人艳羡的幸福婚姻，跟其为人睿智、理性有着莫大的关系。

不是吗？

百转千回，徐志摩和陆小曼曾那般海枯石烂地爱过，到头来，终还是恨意满满。

她也是一个坦诚的女子，一如世间明媚的太阳。

结婚前夕，梁思成问她："有一句话，我只问这一次，以后都不会再问，为什么是我？"她坦诚回他："答案很长，我得用一生去回答你……"

当她爱上了金岳霖的时候，她坦率地跟丈夫梁思成说："我苦恼极了，因为我同时爱上了两个人，不知道怎么办才好。"

对此，思成是成全，老金是尊重。

就此，她的人品，思成的度量，完美地化解了一次婚姻里的危机。

她又是一个有才华的女子，独立且坚强。

她固然是美的，除了人美，更美的是她的内在，是关乎才华、关乎独立、关乎热爱的美。

她写诗，诗可流传，一首《你是人间的四月天》至今传诵在世间。她做设计，所出设计皆获殊荣。她参与设计的中华人民共和国的国徽，至今闪耀在世界各地。她，真的是一个在文学、艺术、建筑、哲学等方面皆造诣颇深的奇女子。

胡适言她，是"一代才女"。

沈从文言她，是"绝顶聪明"的人。

泰戈尔赞美她："你的美丽和智慧不是借来的，是爱神早已给你的馈赠，不只是让你拥有一天、一年，而是伴随你的终生，你因此而放射出光辉。"

于她而言，这一生是诗人、作家、教授，但最能代表她的是三个字：建筑师。

任凭世事变迁,她始终坚定地热爱着建筑事业。生之岁月里,建筑于她,是宿命的安排,更是不懈的追求。

在游历欧洲之际,知晓世界上有建筑这么一门学科后,她即在心中把建筑当作自己终身的事业。随后就是付诸行动,毅然决然地在当时拒收女生的美国宾夕法尼亚大学建筑系做了旁听生。即便如此,她依然以七个优等九个良好的成绩完成了学业。与梁思成七优十良的成绩相比,亦是不相上下的。宾大规划系教授黄振翔曾如是评价她:"林徽因在宾大的成绩不但是好,是极棒。以今天的话,她是个学霸。"

如此看,她对建筑的热爱是刻进骨子里的。

而后的数十年间,她和志趣相投的思成为考察古建筑,曾多次结伴而行,踏遍了中国的大江南北。即使久病卧床,她依然不曾放弃对建筑的研究,并用非凡的毅力取得了中国古代建筑研究的巨大成就,和思成一起,创造了中国建筑事业的辉煌。

她用自己的双脚,丈量了自己的人生;她用自己的热爱,活出了与同时代女性不同的生命轨迹。

这样的徽因，如一株木棉，可承载生命中的风吹雨打。

岁月里，她始终心有热爱，认真地过好热气腾腾的每一天。一如她所说过的："埋下一些美好的种子，只为心安；许下一些美好的愿望，等待继续。"

种花香拂面，燕过声掠耳。

如是，她才可在纷繁世相中不迷失，她才可端坐在磐石上看落花浮云，真正做到有所取舍，活得恣意而淡然。

浮生之中，她才永如四月春风，是这世间美好之所在。

岁月厚待。在她120周年诞辰之际，她的母校宾夕法尼亚大学，为她补上了一份建筑学学士学位证书，且点明："林徽因应该因其对建筑学的贡献而被世人所知，而非仅仅作为一个文化人物。她对全世界建筑行业的影响是不可估量的。"

这迟到了97年的建筑学学士学位，是对二十岁只身闯入一个本属于男人世界的勇敢的她最好的回馈。

在追授学士学位的典礼上，宾大韦茨曼设计学院院长弗里茨·斯坦纳更如是说："……林徽因和梁思成都是伟大的建筑师，但今天，林徽因没有站在梁思成背后。"

确实如此。

一如她墓碑上的七个字:建筑师林徽因墓。

她,从不是谁的太太,谁的"白月光",谁的情敌,更不是什么"乱世美人"。她,只是她——建筑师林徽因。

时光里,她心中有丘壑,眉目作山河,行走在人间,丈量着那时走过的路。

真好。

在她诞辰的120周年,官方正式给她正名。

世有女子，名林徽因

红尘阡陌，
皆是过眼云烟；
弱水三千，
唯她惊艳了世间；
清素美好，
岁月留痕。

尘世

1904年，杭州六官巷烟雨蒙蒙，古朴而宁静。青石铺就的长巷里，飘荡着古城特有的烟火气息。

这是一座闻风即可做梦的美妙小城。

这一年的6月10日，一个粉雕玉琢的小女婴于六官巷的诗书世家——林家出生。

她，就是林徽因。

此时的林家，当家的是林徽因的祖父林孝恂。

她虽是个女婴，却给林家带来了无以言说的欢喜。因为她的母亲和父亲结婚八年有余，才有了她。

饱读诗书的林孝恂，更是喜上眉梢地吟诵着"思齐大任，文王之母。思媚周姜，京室之妇。大姒嗣徽音，则百斯男"（《诗经·大雅·文王之什·思齐》）。后为她取名"徽音"（后为避免与另一男作家相混，改为"徽因"）。

林徽因

"徽音"二字,诗意盈盈颇含深意:

"徽",美也。

"徽音",即美音,寓意贞静之性、贤德之行。

祖父林孝恂进士出身,曾任职于浙江海宁、石门等地。后来,他为了林家子侄辈的教育,毅然在杭州家中设立了家塾,并分东、西两斋(东斋讲授旧学,西斋讲授西学),请了国学大师林琴南主东斋讲授传统文化,新派名流林白水主西斋讲授西方文化,还请了外国人来教习外语。

因此,徽因的父亲、叔叔和姑姑们,都接受了很好的教育,打下了深厚的国学基础。

在这个学风浓厚的家庭里,小徽因于耳濡目染中早早接触了国学诗文。

不过,徽因的启蒙教育却不是始于父亲,而是来自大姑母。这是因为,在徽因两岁的时候,父亲就东赴日本学习去了。

从五岁起,徽因就开始和表姐们一起受教于大姑母。

徽因甚是喜欢这样的日子，因为可以跟表姐们一起读书，也可以一起玩耍。最让她欢喜的，是来自大姑母的表扬。几个读书的姐妹中，她虽年纪最小，却最为灵秀聪慧，看似听讲漫不经心，每每背书却滔滔成诵，且口齿清晰。

有时不得不承认，天赋是与生俱来的，比如灵气逼人的徽因，再比如鸢尾一般孤高的张爱玲，她们的聪慧与才情，在很小的年纪就显露出来。

这样才华横溢的徽因，亦是美的，可谓倾城。

她遗传了林氏家族优秀的血统，亦遗传了祖母游氏典雅高贵、端庄贤淑的气质。

林家是名门望族，历史可追溯到殷商时期。经年岁月里，林氏家族在朝代的更迭中渐渐式微，但是，一如张爱玲家族的煊赫旧家声，名门望族的底子依旧还在。

林徽因的祖父曾于光绪年间考中进士，并与康有为同科，后被授职翰林院编修。这样一来，亦算给林氏家族正了望族之名。祖父亦是

幼时林徽因

一个开明的人,虽为旧朝之官,却新旧不拒,亦中外兼学。故此,家塾办得新潮、开明。

徽因能有如此才华,跟祖父这样的教育观密不可分。

徽因自小在林家院子里长大,自是浸润着祖父、祖母的气质。

祖母游氏,貌美多才。出身富贵人家的她,擅书法,亦擅女红,尤其喜欢读书。更重要的是,她非常贤惠,与祖父感情极好。祖父一生都未纳妾,只守着祖母一人。他们共养育了五女二男,七个孩子。

二人的爱情,是徽因最初接触到的爱情美好的样子。

所以说,一个人的素然美好,不是天生即有,它来自家庭,来自祖辈、父辈。

美好的徽因,即是如此。

自幼跟祖父母一起生活的她,渐渐长成聪慧、贤淑的女子。

成长环境如斯,是她此生有幸。

二

林家,世代书香门第,徽因成长于此,得到了最好的教育,亦因此涵养出倾世的才华。

聪颖的她,深得祖父的喜爱。

祖父会给她讲各种各样的故事,给她最暖的爱和呵护。白墙黛瓦的庭院里就此留下了她最美好的童年记忆。

祖父家温煦的庭院里,总是阳光灿烂,充满欢声笑语。

时光潋滟,岁月静美。

这是她心底最早的艳阳。

大姑母林泽民，是林家兄妹中最具学识的人。

她，忠厚和蔼，虽是外嫁，但与娘家甚是亲近。她，很是疼惜徽因，不仅给了她儿时的启蒙，亦给予了她可倚重的亲情。这一段时光里，常年住在娘家的大姑母，弥补了徽因母亲性格、文化方面的不足，让徽因有了最亲昵的依靠。

可在漫长的一生中，我们并非所遇皆美好。

只有学会如何与自己相处，人生才不会过于彷徨。

小小的徽因，貌似天生就具备这样的能力。

她因母亲的缘故，童年蒙上了一层阴霾。可是，尚是孩童的她并没有就此自怨自艾，反而特别努力，努力做父亲眼中的好女儿。她知晓用怎样的方式，才能获得父亲更多的爱和关注。

父亲虽然不喜欢母亲何雪媛，却非常喜欢她，且在所有的孩子中也最是以她为傲。

确实，她聪明乖巧，努力又懂事，约六岁时就可以代祖父给在日本留学的父亲写信了。

天性里，她就是个乐观的人。

六岁时，她出了水痘。老家人将水痘叫作"水珠"，她竟因着"水珠"这美好的名字而雀跃，不似许多孩童那样感到疼痛难忍。一如她后来说的："当时我很喜欢那美丽的名字，忘却它是一种病，因而也觉到一种神秘的骄傲。只要人过我窗口问问出'水珠'么？我就感到一种荣耀。"

如此乐观的天性，带给她独有的气度。

八岁时的林徽因（左一）

故而，在多年后她经历各种沧桑磨难时，亦从未说过苦、道过痛。

1910年，父亲林长民从早稻田大学毕业了。他回国后，与同学刘崇佑在祖籍地老家福州创办了福州私立法政学堂，并担任校长。

1911年，父亲林长民把法政学堂交给别人管理后，为宣传革命而奔走于上海、南京、北京等地。此后，父亲林长民代表福建省参加南京临时参议院。随着父亲的升迁，他们一家也由杭州迁到了上海。

从此，藏着美好回忆的杭州林家老宅成了她最深的怀念。

彼时，八岁的她，就读于家附近的虹口爱国小学，亦开始熟读家中无数的藏书。

春花夏露，秋实冬雪，四时她都欢喜地沉浸在书卷里。

在她十二岁时，因父亲在北洋政府任职，他们全家便又从上海迁至北京。

在名流荟萃的北京城里，注重教育的父亲，将她送到培华女子中学求学。

十二岁的林徽因与姐妹们（右一）

这所由英国教会创办的学校，是一所名副其实的贵族学校，校风严谨，曾培养出无数谈吐优雅且成绩出色的学生。在这里，聪慧的徽因接受了先进的西式教育，从大户旧宅中跨入一方充溢着朝气和新式文明的新天地。

彼时，她已出落得亭亭玉立，虽因从小体弱多病看上去瘦了些，但自有一种动人的纤柔之美。很快，她成了培华中学最令人瞩目的"星辰"。

不过，徽因从来都不是空有美丽外表的人，她学习认真努力，有主见且懂事、贴心。

曾经，在父亲远游日本时，她就翻出家藏的字画，一一过目分类，并编成收藏目录。在给父亲的家书上，她注道："徽自信能担任编字画目录，及爹爹归取阅，以为不适用，颇暗惭。"

如此好学、懂事、心细的徽因，怎会不深得父亲林长民的喜爱呢？

然而得各方宠爱的徽因,童年却是不甚快乐的。

这是母亲何雪媛的缘故。

何雪媛出身于浙江嘉兴一个商人家庭,虽生于富有之家,却未曾受过教育,是个典型的旧时女子。加之她是家中的老小,尽管容貌端庄,但性格乖张,不擅女红亦不擅持家。

这样的母亲,自是无法入父亲林长民的心。

儒雅、优秀的父亲,受过极好的教育,又留学海外多年,是才华出众的人。

在母亲之前,父亲曾娶妻叶氏。他们是被指腹为婚的夫妻,徽因不知他们是否恩爱,只知叶氏不幸芳龄早逝,也未曾为父亲留下子女。

此后,为了传宗接代,父亲迎娶了母亲。

续弦的母亲,本为父亲诞下两女一子,谁知幼子、幺女全都不幸夭折,仅剩徽因这个长女。

这样的母亲,从此更不得父亲的爱宠。

为了给林家传承香火,父亲林长民另娶了上海女子程桂林。那一年,徽因八岁。

在张灯结彩的家里,她看到了母亲深深的哀伤。

与母亲相比,程桂林虽也无多少学识,但胜在聪慧,性情温和,亦深谙相夫教子之术,故而比母亲讨喜太多。程桂林也是争气得很,入林家之后,为林家诞下了一女三子。

林家,就此人丁兴旺。

这样的程桂林，自然深得父亲的欢心和宠爱！

母亲何雪媛，因此彻底失去了父亲的爱，如同被打入冷宫的妃妾，被安排进了林家的后院。

那一年，母亲才三十一岁。

嫁入林家后，她既无法以才华博得夫君林长民的宠爱，亦无法以贤惠取得婆婆的欢心，因而，她成了一个陈旧的人，被深深冷落在一隅。

女子若是婚姻不如意的话，再怎么温婉贤淑、通情达理，也会生出好多怨和恨来。徽因的母亲亦是，更何况她养尊处优惯了，本就有几分任性，故而，生出了比海还深的怨和恨。

她的性情，就如同那狭窄角落里的光阴，变得阴晴不定。

时常，她会变得暴躁。

尤其是在前院传来温馨的欢笑声时，母亲会非常暴怒，她会在死寂一般的院落里无休止地咒骂。

后院无他人，只她和母亲，由是，她不得不淹没在母亲的怨恨之中。

虽然父亲对她特别宠爱，但是，她仍是要和母亲一起生活在后院里的。时光的荒野里，她也因此无法摆脱原生家庭带来的伤痕。渐渐地，她成了一个敏感、早熟的小孩，擅察言观色，懂谨小慎微。

对父母，她也生出了又爱又恨的矛盾情愫。

尽管，她特别爱优秀的父亲，但因为母亲的缘故，她多少还是生出了些许抱怨的，怨他对母亲的绝情，怨他对母亲的残忍。

有那么一段时间，她成了一个多愁善感的小孩。

时常，她会独自坐在后院的木楼上，看天空飘过的云，看风吹动树枝，孤寂得无以排解。

少女时的林徽因

这成了她心底深深的伤痛。

事实上,这伤痛伴随了她一生。

成年后,在成为一位极负盛名的诗人时,她曾写就一篇名为《绣绣》的小说,其中的故事完全映射了她的童年。

绣绣是一位乖巧的女孩,然而,她生活在一个不幸的家庭里。

母亲怯弱无能,性格狭隘且身体多病,因而招致父亲的嫌弃及冷落,于是父亲娶了新姨太。由此,绣绣整日夹在父母无休止的争吵中。时日久长,在没有温情、没有爱怜的家庭里,绣绣最终因病去世。

如此悲伤的故事里,有她曾经历过的伤痛岁月。

不过,她终是内心澄明的人,穿过幽暗的时光,她的成长大致还是很顺的。

如是,才能娇颜若花,明媚芬芳,似春日的栀子,于时光里安然静好。

其实,有些经历未尝不好。

好的、坏的,都是磨砺一个人的最好课堂。

初 识

1918年，徽因十四岁。

她已生得明眸皓齿、顾盼生辉，父亲视她为掌上明珠，并开始考虑她的终身大事了。

他希望她能遇良人，找到各方面都上乘的温润男子，拥有一个美满的姻缘，遂在自己的周边物色着这样的良婿。

初入他眼的是梁启超家的公子——梁思成。

林、梁两家本就是世交，而他和梁启超皆是声名显赫的政界名流，又皆是儒雅的文人名士，身份相当又意趣相投，是知己亦是密友。

梁家公子梁思成，不仅学富五车，还温文儒雅。放眼周边，再没有谁可以与他媲美。

于梁启超而言，灵秀俊气的林徽因亦是最理想的儿媳人选。

于是选了一个阳光明媚的日子，梁启超带着梁思成踏风而来。

二老皆是开明的家长，对这一桩姻缘也甚是满意，但他们很尊重两个孩子的选择。他们决计不会做那包办婚姻之事，故而，以特别时髦的约会方式来让两个孩子彼此熟悉。

　　也是，水到渠成的爱情才最为美满。

　　那日，他们从南长街的梁家来到了景山附近的林家。初见，安排在了林长民的书房里。

　　彼时，梁思成是被告知要见林叔家的女儿林徽因的，然而林徽因却是不知的。

　　门开的瞬间，是梁思成一生难忘的心动时刻。

　　亭亭玉立的林徽因跃入他眼，有如清泉般澄澈，亦如鲜花般娇艳，似仙子一般。原本，他以为林徽因不过是个穿着绸缎衫裤，梳着两条小辫的寻常女子，谁料到如此迷人，令人心动不已。

　　多年后，女儿梁再冰在《回忆我的父亲》中将这一个精彩美好的时刻还原：

　　门开了，年仅十四岁的林徽因走进房来。父亲看到的是一个亭亭玉立却仍带稚气的小姑娘，梳两条小辫，双眸清亮有神采，五官精致有雕琢之美，左颊有笑靥；浅色半袖短衫罩在长仅及膝下的黑色绸裙上；她翩然转身告辞时，飘逸如一个小仙子，给父亲留下了极深刻的印象。

　　事实上，于他而言，徽因永远是他眼中的仙子。

　　如出水芙蓉，飘逸绝尘。

所谓一见钟情,便似他这般。

那一年,梁思成十七岁。

不过,徽因却没有他这般的悸动。或许因为她还小,情窦未开,初见一个少年有的只是些许的害羞。

这世间,有些爱情就是这般吧。

需要过一些时日,绕一些路,之后才能彼此都怦然心动。

时光瘦,指缝宽,他们的缘分还没到,所以,俩人在时光里还没能有真正的交集。

转眼,徽因十六岁了,生得亭亭,恰如一朵清新的山茶花,美丽动人。

这一年,是她在北京培华女中就读的第三个年头了。

培华女中实行英国贵族式的教育方式,不仅培养了她良好的谈吐,也培养了她优雅的举止。而她自己亦聪慧,所以,无论是在同学之中还是在一众姊妹之中,她都是最耀眼、最讨人喜欢的那一个。

这一年的春天,父亲林长民以"国际联盟中国协会"成员的身份被政府派遣赴欧洲访问考察。

为时一年半。

于是,他决定携爱女徽因同行。

一个阳光正好的午后,徽因收到了父亲林长民的信:

十六岁时的林徽因，随父亲游历欧洲

……我此次远游携汝同行，第一要汝多观览诸国事物增长见识；第二要汝近在我身边能领悟我的胸次怀抱；第三要汝暂时离去家庭烦琐生活，俾得扩大眼光养成将来改良社会的见解与能力。

徽因捧着父亲的信，读了又读。

此时，春风刮得正紧，她生怕突起一阵大风把信给刮走。于是，她紧紧地将信贴在胸前，心中的激动和喜悦掩也掩不住。

到欧洲去，和父亲一起到欧洲去，这是多么让人神往的事！

抬头的瞬间，她看到眼前一片阳光明媚，心中亦仿佛有鲜花盛开。

这几年，林长民政坛失意，此次被派到欧洲，说来也是一份闲差，他自己亦心知肚明。如今年岁，在政坛也再难有大的作为了。不过，这一趟欧洲之行，虽于自己是晦涩、无大意义的，但是，于爱女徽因却意义非凡。

他要做爱女的人生之路的指引者，一如他在信中告知徽因的，要带她远离家族烦琐事务，带她看更广阔的天空，见识更辽阔的天地。

此际，十六岁的徽因虽年龄尚小，但胜在聪慧，又悟性极高。

在去往欧洲的轮渡上，面朝浩瀚的大海，她即在心中生出一个念头：这一世，定要做一个广阔天地间最特别的女子。

轮船行驶的目的地是法国，而林长民带着徽因转道去了英国的伦敦。

在伦敦居住了一段时日，他才按照出访计划带着徽因开启欧洲漫游之行。

法国、意大利、瑞士、德国、比利时等国，都留下了他们的足迹。在巴黎，徽因感受了浪漫；在罗马，徽因领略了建筑之美……古都、遗址、遗迹，皆让她深觉世间旖旎万千，充满圣洁之美。

就此，她的心中种下了神圣的信仰。

这世间山水、物什，皆有佳美处，皆要虔诚对待。

游历结束后，父女二人一起回到了伦敦。

近两个月的游历，使她汲取了异域文明中的文化养分，又阅读了各种外国文学作品，逐渐成长为铿锵热烈的女子。

欧洲生活，于彼时的徽因而言，虽然热烈而丰盛，但还是会有一些小寂寞。

因为在当时的英国，单身女孩外出必须要有人陪同才行。所以，父亲林长民外出工作的日子里，徽因多是一个人待在偌大的公寓里，偎在暖融融的壁炉旁,一本接一本地阅读英文书。

北京培华女子中学教授给她的英文,这时很好地派上了用场。

她的阅读面很宽,有维多利亚时代的小说,亦有丁尼生、雪莱、拜伦、勃朗宁的诗,还有萧伯纳的剧本。

这些书将她引领到一个奇妙的世界。

更让人暖心的是女房东,身为建筑师的女房东很热忱,常会带着徽因一起去写生。在剑桥一带,她们流连于各种建筑之间。皇家教堂、"三一学院"图书楼等,都留下了她们的足迹。

也就是在此际,徽因知晓了建筑师和盖房子的人的区别,亦深深地被建筑中的艺术魅力所吸引。

就此,她萌生了对未来事业的朦胧遥想。

是年9月,她以优异的成绩考入英国伦敦圣玛丽学院。

而伦敦,亦进入一个湿答答的多情的雨季,仿佛为了她和某个人的相遇。

三

……我独自坐在一间顶大的书房里看雨,那是英国的不断的雨。我爸爸到瑞士国联开会去,我能在楼上嗅到顶下层楼下厨房里炸牛腰子同洋咸肉,到晚上又是在顶大的饭厅里(点着一盏顶暗的灯)独自坐着(垂着两条不着地的腿同刚刚垂肩的发辫),一个人吃饭一面咬着手指头哭——闷到实在不能不哭!理想的我老希望着生活有点浪漫的发生，或是有个人叩下门走进来坐在我对面同我谈话，或是同我同坐在楼上炉边给我讲故事，最要紧的还是有个人要来爱我。

少女情怀总是诗，徽因亦如此。

尤其是多雨、多雾的伦敦，更能撩拨少女心事。

就如彼时的徽因般，她多想能与一个多情的人相遇，然后，共筑一个烟雨般缠绵悱恻浪漫的梦呢！

如徽因信中所写，她想与喜欢的人围炉夜话，喝着咖啡或是茶，吃着小点心，眼波流转中，充满浓情蜜意。

果然，这座烟雨迷蒙的雾都，仿佛读懂了她的少女心事，很快给她安排了一场富有诗意的邂逅。

不久后的某一天，多雾的伦敦，如烟如幻，徐志摩轻轻地敲开了她和父亲居住的公寓的门。

他们相遇了。

彼时，在美国留学的徐志摩，因厌倦了美国的社会风气，提前结束了哥伦比亚大学的学业。他崇拜哲学家罗素，故而漂洋过海到了伦敦。

他意欲投奔罗素，做罗素的门生。

可到了英国才发现，罗素根本不在剑桥大学，也不在英国了。原来，罗素因在战时主张和平而被剑桥大学除名。

只能说，徐志摩的运气不大好。

林徽因与徐志摩

幸运的是,没能寻到罗素的徐志摩,却恰巧结识了林长民。

他们一见如故,竟成了忘年之交。

而林长民素来德高望重,所结交亦全是身份显赫之人。其中就包括当时英国颇有名气的作家狄更生。于是,他将徐志摩介绍给狄更生。1921年,在狄更生的介绍下志摩还做了剑桥大学皇家学院的旁听生。

那日,徐志摩是专程来拜访林长民的。

他敲门而入,一抬头,入眼的是林徽因。

梳着两条小辫子的林徽因,一身素雅衣衫,面容清秀,举止大方。初见,徐志摩就被惊艳到了。最初惊艳到徐志摩的是她的容貌,深入交谈后,发现更令人惊艳的是她的才情。没想到,小小年纪的她,不仅熟读许多文学名著,且有自己独特的见解。

她侃侃而谈,拜伦、雪莱等都不在话下,言谈气度丝毫不像一个十六岁的少女。

这样的徽因如一道耀眼的光，打开了徐志摩的黯然心扉，他旋即被她吸引，浪漫诗人的缠绵情意就此蔓延开来，心亦似春风吹着春花，荡漾而美好。

彼时，徐志摩已依父母之命娶了江苏宝山张家千金张幼仪。

然而，认识徽因后，他竟像个情窦初开的少年，一颗心欢悦而悸动着。素来他就是一个情感极其炽热的人，且风流倜傥，如今遇见了心仪的她，一颗心自然就沦陷了。最重要的是，那段媒妁之言的婚姻，于他是非常痛苦的。

起初，张幼仪就没能入他的眼。

在他的眼里，张幼仪就是一枚"土包子"，自然无法跟他心目中的女神相比。于他看来，女神就要如徽因这般"最是那一低头的温柔，像一朵水莲花不胜凉风的娇羞"，再或有"芙蓉如面柳如眉"的颜。

沉默寡言的张幼仪，是一样都不占。

其实，张幼仪也不是他认为的那般不堪。在同代人的眼里，张幼仪也是标准的大家闺秀，是"线条甚美，雅爱淡妆，沉默寡言，秀外慧中"的人儿。只是，她不是徐志摩喜欢的样子罢了。

于徐志摩而言，张幼仪的面容不是他喜欢的柔媚明艳，气质亦不是他爱的绰约妩媚，她整个人都跟他最神往的风花雪月、花前月下的女子靠不得边。

于是，一开始他就厌烦了她。

洞房花烛夜，他躲到祖母的屋里睡了一个晚上，用这种方式来表达自己对这桩婚姻的不满。

不过，最终他还是在长辈们的撮合下，跟张幼仪圆了房，并且有了儿子徐积锴。

只是,徐志摩对她的态度依旧没有改观。

她成为他眼中"最不愿正眼看的一个人"。

对于这一切,彼时的徽因,还一无所知。

徐志摩日日来,谈笑风生,人又才华横溢,徽因也怦然心动了。于一个少女而言,他俊俏的容颜、儒雅的风度,以及诗人浪漫至极的气质,都是极具魅力的。

再说,异乡最易生孤独之感,能有一人如此细心地陪伴她,她自然是欢愉的。少女的内心,也有了小鹿乱撞般的悸动。

人生若只如初见,该多美好。只是,这从来都是个遗憾。

他们二人,亦如是。

康桥

一

有人言：邂逅一个人，只需片刻，而爱上一个人，往往会是一生。多年后，这恰成了爱上徽因的徐志摩的注脚。

彼时，徽因十六岁，志摩二十四岁。

一个是情窦初开的美少女，一个是风度翩翩的才子，爱情就如花一般极绚烂地绽放开来。

诗意的、浪漫的、有才华的徐志摩，符合十六岁时的徽因对爱情的所有美好想象。

就此，多雾的伦敦城，见证了他们的爱情。

深冬，伦敦阴雨连绵，阴霾笼罩。徽因似所有怀春少女一般，也会多愁善感，尤其是在父亲林长民外出的日子。

所幸，志摩常常来陪她。

那时，志摩常常撑着一把湿漉漉的雨伞，冒雨而来。隔着玻璃看到他一点点近了，徽因的心会雀跃，并柔软如水草。或许，喜欢一个人都会这般吧。会期盼他来，来了后亦会欢愉。

这一年，圣诞节来临时，徽因有了一个悠长的假期。

于是，每日里她都和志摩一起窝在温暖的壁炉前，谈古论今，亦谈她爱的诗人们，比如拜伦、雪莱、华兹华斯及济慈。兴致起时，徽因还会用英文背诵济慈的《夜莺颂》：

> 我的心在痛，困顿和麻木，
> 刺进了感官，有如饮过毒鸩，
> 又像是刚刚把鸦片吞服，
> 于是向着列斯忘川下沉：
> 并不是我嫉妒你的好运，
> 而是你的快乐使我太欢欣——
> 因为在林间嘹亮的天地里，
> 你呵，轻翅的仙灵，
> 你躲进山毛榉的葱绿和阴影，
> 放开了歌喉，歌唱着夏季。

忘情时，志摩会应和，也用英文继续后面的背诵：

> 唉，要是有一口酒！那冷藏
> 在地下多年的清醇饮料，
> 一尝就令人想起绿色之邦，

想起花神，恋歌，阳光和舞蹈！

要是有一杯南国的温暖

充满了鲜红的灵感之泉，

杯沿明灭着珍珠的泡沫，

给嘴唇染上紫斑；

哦，我要一饮而悄然离开尘寰，

和你同去幽暗的林中隐没……

像所有热恋中的人一般，他们之间充满蜜意浓情，心有花香馥郁，一切都曼妙而美不可言。

徽因曾悄悄对志摩说："济慈说过'我觉得鲜花一朵朵地开在我的身上'，某些时刻，我也是这样觉得的。"

当下，她是陷入甜蜜爱情的幸福女孩。一切，在她眼中都是极妥帖、极美妙的。只是，天从不遂人愿，她还不知道她深爱的人，有妻、有儿，有婚姻。她只是一头扎进了爱情里，在爱人的甜言蜜语里欢愉着。

她忘了，现实也会有残酷的存在。

也罢，不知，会更幸福些，那就让幸福再绵延一下吧！

二

在徽因的生命中，志摩是第一个以爱情的姿态走近她的男子。

此时，她还不知与志摩会走向如何的路途，但她深知与志摩在一起的每一天都风清月朗。

执子之手，与子偕老，是她最向往的爱情的模样。

在母亲的身上，她看多了爱情悲凉的样子，所以，她希望自己的伴侣，是有暖意、有温情的，这些品质，志摩身上貌似都有。

这让她有了最初的心动。

接下来的日子里，伦敦这座城更是满蕴了诗意和美好。

在公寓温暖的壁炉前，因为有志摩的陪伴，徽因的日子过得温煦而浪漫。彼时，伦敦虽然多雨亦多雾，阴冷而潮湿，于相爱的他们，却是温暖芬芳的。他们寻找一切能在一起的机会，伦敦的寓所里，文艺活动现场，大学校园里，都留下了他们相伴而行的身影。

尤其是，志摩读书的康桥（即剑桥大学）。

春天来临了，伦敦的春天美好得令人陶醉。

他俩最喜欢在暮霭四合时结伴去康桥漫步，顺着蜿蜒曲折的康河，他们会一直走、一直走，路过拜伦潭，路过小水坝，路过古老的石壁，直到远处教堂的钟声一声声响起，他们才会折返。

这一路，嬉笑有之，谈论亦有之。

于徽因而言，这样的时光收获颇多，欢喜亦多。

于天性浪漫的志摩而言，这样的日子是丰盈的馈赠。与淡眉如春山、眼眸盈秋水的徽因在一起，他会忘了自己是孩子的父亲、女子的夫君，就如同初涉爱河的人一样，迷醉了。

于是，他的心疯狂起来。

他开始以一天一封信的频率给徽因写情书。

他写：

> 那一天我初次望到你，
> 你闪亮得如同一颗星，
> 我只是人丛中的一点，
> 一撮沙土，但一望到你，
> 我就感到异样的震动，
> 猛袭到我生命的全部，
> 真像是风中的一朵花，
> 我内心摇晃得像昏晕，
> 脸上感到一阵的火烧，
> 我觉得幸福，
> 一道神异的光亮在我的眼前扫过，
> 我又觉得悲哀，我想哭，
> 纷乱占据了我的灵府。
> 但我当时一点不明白，
> 不知这就是陷入了爱！

她亦写：

> 那一天我希望要走到了顶层，
> 蜜一般酿出那记忆的滋润。
> 那一天我要挎上带羽翼的箭，

>　　望着你花园里射一个满弦。
>　　那一天你要听到鸟般的歌唱，
>　　那便是我静候着你的赞赏。
>　　…………

　　他迷恋着徽因，即使回伦敦郊区沙士顿的住所小住几日，他也要给住在伦敦市区的徽因写情书寄出去。彼时，从伦敦市区到沙士顿的邮寄隔一晚上也就可以收到。于是，他每天一大早就急急出门来到对面杂货店等着收寄信件。

　　而这一切，都是在与他同住的张幼仪的眼皮底下做的。

　　他不管不顾地爱上徽因，他怕错过这次便要错过一辈子了。

　　谁让他，是那为爱而活的浪漫的人呢！

　　他是完全沉浸在这如蜜若糖的爱情中了，再无心情管其他世相如何。

　　一如他后来回忆时说的："说也奇怪，竟像是第一次，我辨认了星月的光明，草的青，花的香，流水的殷勤……"

　　若能跟徽因在一起，于他而言就如喝了蜜糖一般日日欢喜着了。

二

人生如寄,离合盛宴

喧嚣尘世,
有相逢,
亦有离别。
她在尘世,
咫尺天涯,
有些事要念起,
有些人须忘记。

成全

一

只是,恨不相逢未嫁时。

志摩已是一个两岁男孩的父亲、张幼仪的丈夫,这是不争的事实。也因此,为了能和徽因长久地在一起,志摩时刻想着的是如何结束与张幼仪这段错误的婚姻。当温良的张幼仪离开故土来到遥远的异国他乡时,他非但没给她应有的依靠,反倒最终抛弃了她。

说来,志摩也真是无情得很。

张幼仪千里迢迢辗转来到伦敦,抵达马赛港时,他就露出一脸的嫌弃。后来,张幼仪回忆当时的情景道:

我在甲板上探着身,不耐烦地等着上岸。然后,我看到徐志摩站在东张西望的人群里,同时心凉了一大截。他穿着一件瘦长的黑色毛大衣,脖子上围了条白色丝质围巾。虽然我从没看过他穿西服的样子,可是我晓得那是他。他的态度我一眼就看得出来,不会搞错,因为他是那堆接船人当中唯一露出不想在那儿的表情的人。

志摩嫌弃她，张幼仪始终是知道的，但是，作为宝山巨富张家的女儿，她从小接受的教育就是三从四德。所以，无论志摩对她如何，她都觉得没关系的。

只要，家一直在那儿就行。

她爱得卑微又委屈。

关于张幼仪的一切，彼时的徽因都有耳闻。她虽爱慕着徐志摩，也甚喜欢与徐志摩谈论文学、人生等话题，但是，她不允许自己陷入逼仄的境地。

在时光里消磨着，她一天比一天清醒、理智。

所以，在初尝爱情的甜蜜之后，她也尝到了爱情的苦涩，要求自己全身而退。

自小在姨太、妻妾堆里滚过，她深知男子三妻四妾世界里女人的悲凉。她，自是不会让自己陷入这种境地的。一如她后来说过的：

……我知道自己其实是个幸福而走运的人，但是早年的家庭战争已使我受到了永久的创伤，以致如果其中任何一点残痕重现，就会让我陷入过去的厄运之中。

更何况，在和张幼仪同住的日子里，徐志摩竟然一边和张幼仪离着婚，一边还和张幼仪行了云雨之事，让张幼仪怀了孕。

这于她而言也是致命的伤，她无法容忍在高尚纯洁的爱情之外还有灵魂和肉体的自相背离。

爱情里，多是美好；现实中，却诸多残酷。诗人的爱，总会被蒙上不少浪漫的朦胧诗意。拨开云雾，爱情内核却是黑的。

再就是，她也不想伤害张幼仪。温良的张幼仪，因为志摩的不爱，受尽了冷落。

这样的张幼仪，让她心生疼惜，不忍伤害。

她始终记得初次见张幼仪的情形，那时，徐志摩陪张幼仪到德国看望四哥，临行前，父亲和她一起去车站送行。这是她们第一次相见，她却被张幼仪那双充满"哀怨、绝望、祈求和嫉意"的眼眸给惊着了。

她蓦地想起了母亲，一生都因另外一个女人的存在而郁郁寡欢。她不想让无辜的张幼仪也陷入母亲那样的境地。

于是，回来后，她果断地给志摩写下了"分手信"：

上次您和幼仪去德国，我、爸爸、西滢兄在送别你们时，火车启动的那一瞬间，您和幼仪把头伸出窗外，在您的面孔旁边，她张着一双哀怨、绝望、祈求和嫉意的眼睛定定地望着我。我颤抖了。那目光直透我心灵的底蕴，那里藏着我的知晓的秘密，她全看见了。

她自己，亦在脱离了爱情的旋涡之后，更清醒地认识到：

徐志摩当时爱的并不是真正的我，而是他用诗人的浪漫情绪想象出来的林徽因，可我其实并不是他心目中所想的那样一个人……

所以，她对这段爱情选择了主动放手。

二

徽因，是善于内省的人。
她虽然骨子里浪漫，但是，一旦清醒了比谁都理智。

在某些时刻，她是感激有志摩这么一个人的，能与他相识、相知、相恋，亦是自己在伦敦最美好的记忆。
毕竟，志摩是除父亲之外，与她唯一交心的异性。
最重要的是，志摩符合她对亲密伴侣的所有想象——浪漫、温柔、潇洒，且热烈。

放手，虽做得决绝，但她的内心亦是有诸多犹豫不决的。
夜阑心伤的时刻，她亦想，能拥有即可。
这世间，就数爱情最折磨人心，管你是白素贞还是小青，会掐指一算的神通又如何，明了世事里的孽障阻碍又如何，不还是义无反顾地投入一场爱情？哪怕，明知是无望的爱情。
书中所言的妖仙尚且如此，何况徽因不过是凡尘女子。

与志摩围坐在温暖壁炉前,在从音乐到文学、从现实到梦境的畅聊不休里,徽因是幸福的。望着志摩的时候,她会心潮澎湃,会闻风柔软、看雨生情。

而志摩怕就此失去徽因,一边暗地里设法跟张幼仪离婚,一边比往日还勤地往林家公寓跑。给徽因寄信仍是一天不落,且文字更炽热了,比如他写:

如果有一天我获得了你的爱,那么我飘零的生命就有了归宿,只有爱才能让我匆匆行进的脚步停下,让我在你的身边停留一会儿吧,你知道忧伤正像锯子锯着我的灵魂。

面对有这样执念的志摩,徽因也是感动不已的,可是,一旦冷静下来,她就会心生懊恼。

过去母亲深陷爱情中失落的样子,也会时时浮现在她的眼前。

更何况,她受过的教育,看过的人、事,绝不允许她去做别人婚姻里的破坏者,哪怕深爱着。于是,当父亲林长民出国考察结束时,她毅然决然地跟随父亲乘海轮回了国。

1921年秋,她抵达伦敦的次年,没有告别,她只自己上了岸。

我降下了帆,拒绝大海的诱惑,逃避那浪涛的拍打……

这算是她留给志摩的最后的告白。

就此,她将志摩扔在了那座充满他们爱情回忆的桥上。

一转身,他们即天涯各一方。

在爱恋里，似她这般清醒的女子，真的少之又少。

若都能如她，这世间也就真的少了一些痴女怨女，爱情的酒便也不会似毒药苦酒，让人含恨而饮了。

三

当志摩从柏林回到伦敦时，看到的只是林家空荡荡的公寓，以及林徽因写给他的分手信。

在伦敦的烟雨里，他神伤不已。然而，他仍做不到放手。于是，他将这一切迁怒于张幼仪，逼张幼仪"把孩子打掉"。当张幼仪拒绝时，他更是无情地离家出走，丢下身怀六甲的张幼仪一个人在人生地不熟的伦敦。

他知晓徽因离开的缘由，誓要厘清当下和张幼仪纠缠不清的关系。他甚至觉得只有做个清白的人，才能与徽因般配。

所以，他决绝、无情、冷酷，不顾家人的反对，亦不理社会的舆论，执意要与张幼仪离婚。

1922 年 2 月，张幼仪在德国医院生下次子彼得，彼时，志摩仍没在身边。

1922 年 3 月，在德国柏林，由吴经熊、金岳霖做证，志摩和张幼仪正式离婚。

此时是徽因回国的第二年。

友人胡适在志摩去世后所写的《追悼志摩》中，有这样的句子：

……他正式向他的夫人提议离婚,他告诉她,他们不应该继续他们的没有爱情没有自由的结婚生活了,他提议"自由之偿还自由",他认为这是"彼此重见生命之曙光,不世之荣业"。他说:故转夜为日,转地狱为天堂,直指顾间事矣。……真生命必自奋斗自求得来,真幸福亦必自奋斗自求得来,真恋爱亦必自奋斗自求得来!彼此前途无限,……彼此有改良社会之心,彼此有造福人类之心,其先自作榜样,勇决智断,彼此尊重人格,自由离婚,止绝苦痛,始兆幸福,皆在此矣。

这样不顾张幼仪死活执意离婚的志摩,在外人看来,无论是有什么样的理由,都是冷酷无情的。或许,他只是单纯地想追求自己的爱情,但是,他忘记了自己是用别人的苦痛来换取自己的追求。

就此,家庭和社会皆不能谅解他了。舆论四起,他的爱情,更加步履维艰。

离 别

一

离开志摩，徽因并非不痛，并非那般潇洒。

毕竟，于女子而言，初恋最是刻骨铭心。

不过，徽因自小见惯了妻妾之争里的悲哀，母亲卑微过活的样子，一直似针一般刺痛着她。她认清了，也明了了，自己和志摩之间那注定不完美的结局。

因此，她才会如此决绝地离开。

回国后，她继续在培华女子中学学习。

她看上去依然美好无邪，没有谁能看出她的情伤。这样的她，才是真正可以在心中修篱种菊的人吧。

离婚后的徐志摩，火速回国。

他要继续追求林徽因。

可是，这世间的爱情，有时难以通过我们的努力、执着之类来获得。

彼时，徽因已经在父辈的撮合下找到了一位良人。

此良人，乃梁启超之公子梁思成。

在父母的撮合下，他们再次相逢。

在林父的眼中，思成始终是最佳的女婿。

虽说他和志摩是挚友，亦十分赏识志摩的才华，然而在女儿的婚姻幸福上，他是心如明镜的，作为有妇之夫的志摩可以和徽因谈谈情、说说爱，但谈婚论嫁是断然不可的。

况且，曾经他和好友梁启超亦有口头之约，要好好撮合两个孩子的姻缘。

于徽因而言，优秀的思成是入心、温暖的。

虽然，几年前的初见，她并没有对他留下印象，但再相见，彬彬有礼、体贴入微的思成很快俘获了她的一颗芳心。

最重要的是，思成还深深懂得她，对她的一个眼神、一个动作，皆能懂得。

徽因母亲，亦十分中意思成。

每每思成来找徽因，徽因母亲总会亲自吩咐厨师精心准备几个潮州小菜，做菜师傅是林长民早年从福州专门带过来的，能做一手好潮州菜。

在情伤中度日的母亲，明显看出了徽因对思成的喜欢，她特别开心女儿徽因能找到如此良婿。

故而，她每见他们在一起，眼里都充满了欢喜。

和思成在一起的日子,徽因亦是开心的。

他们情趣相投,思成虽不善言辞,但却幽默十足,他不动声色的谐谑,常常逗得徽因捧腹大笑。这样的思成,跟志摩完全不是一个类型,他不见得浪漫,亦不会说过多的甜言蜜语,但是,他可以给徽因笃定的心安。

于女子而言,心安胜过千言万语。

时常,他们会到环境优美的北海公园游玩,也会逛庙会,或去清华学堂参加音乐演出。在和思成深入交往的日子里,徽因愈发觉察到自己选择的正确。因为,跟思成在一起的感觉,是那么灿烂温暖;跟志摩在一起的感觉,却是那么潮湿,如同在雨季抑或新月朦胧的夜晚,总是一丝明媚、一丝混沌,在不断交织着。

真正会爱自己的女子,都会如徽因这般去选择温暖吧。

冷暖自知的现世里,能汲取到一点温暖是多么难得啊。

就此,他们虽是在父辈的刻意撮合下相识,却是在长久的相伴里相知、相爱的。

这一年,她十八岁,思成二十一岁。

时光如水,她与志摩的那段爱恋被洗刷掉,一切皆成过往。

二

当归国后的徐志摩,匆匆忙忙赶到北平时,等待他的却是锥心之痛。

他听闻徽因已与思成订立婚约,霎时,他觉得天旋地转,为何只短短时日,心爱的人就和恩师的儿子相恋了。

无论如何,他都不能接受这既定的事实。

爱情于他,始终如生命。若失了爱情,就如同失去了生命。于是,他借着与林长民的关系,努力制造着与徽因见面的机会。

他知晓徽因和思成常常去松坡图书馆约会,就设法在松坡图书馆谋了个英文秘书的职位,并且吃住都在馆内。为了让徽因回到他的身边,他更是想尽办法、找尽借口,去找徽因。最后,温和纯良的思成不得不在门口贴上"Lovers want to be left alone(情人不愿受干扰)"的字条。

如此之下,志摩失意了,亦非常痛苦。

此际,唯有诗可将他暂时拯救。于是,他写道:

> 我倚暖了石栏的青苔,
> 青苔凉透了我的心坎。
>
> ——《月下待杜鹃不来》

> 你我相逢在黑夜的海上,
> 你有你的,我有我的,方向;
> 你记得也好,
> 最好你忘掉……
>
> ——《偶然》

> 我梦见你——呵，你那憔悴的神情：
> 手捧着鲜花腼腆的做新人。
> 我恼恨——我恨你的负心，
> 我又不忍，不忍你的疲损。
>
> ——《一个噩梦》

不过，此时的徽因，对他的心早已收回。

多年后，世人提及她和志摩的这段感情时，还唏嘘不已。

不过，于我更多的是钦佩徽因的气度。

在十六七岁的年纪，她竟可以如此从容理智地选择一条让自己的人生步入圆满的路。

一个人若能看清世相，那么，其中必然藏有她太多的修为。

小小年纪的徽因能如此，是令人钦佩的。

关于这段情，也不能说没有爱，只是她深深明了自己不能爱。

所以，她选择放手。

所以，她选择在经年的时光里，将这段感情深藏。

就此，漫长岁月，她和他始终保持着朋友间真诚而纯洁的情谊。

因此，她成了志摩心中永远的敬重和挚爱。

在志摩遇难时，她亦悲痛地给胡适写了封信，谈及自己对志摩的想念：

> 我的教育是旧的，我变不出什么新的人来，我只要"对得起"

人——爹娘、丈夫（一个爱我的人，待我极好的人）、儿子、家族等等，后来更要对得起另一个爱我的人，我自己有时的心，我的性情便被弄得十分为难……

这几天思念他得很，但是他如果活着，恐怕我待他仍不能改的。事实上太不可能，也许那就是我不够爱他的缘故，也是我爱我现在的家在一切之上的确证。志摩也承认过这话。

然而，思念又能如何。
留给这段感情的，唯有那些惊艳时光的诗句而已。

> 我的眼是康桥教我睁的，
> 我的求知欲是康桥给我拨动的，
> 我的自我意识是康桥给我胚胎的。
> …………

以及：

> 悄悄的我走了，
> 正如我悄悄的来；
> 我挥一挥衣袖，
> 不带走一片云彩。

一切如梦，如幻影。
未能圆满的爱情，始终美在诗句里，遗憾在人世间。

三

志摩在思念、爱恋、失望之中,辗转徘徊。

他开始写诗,来抵消心中对徽因的难以忘记。

星月光辉,开始让他感动得流泪;轻缓溪流,开始让他体味到寂寞;薄霜满地,开始让他倍觉伤感。他无以排遣因爱而伤悲的情绪,只能将这些情绪全化成一行行蓄满哀愁的诗。

人人都说,他创作的《偶然》一诗,是给徽因的。

应,是吧。

> 我是天空里的一片云,
> 偶尔投影在你的波心——
> 你不必讶异,
> 更无须欢喜,
> 在转瞬间消灭了踪影。
>
> 你我相逢在黑夜的海上,
> 你有你的,我有我的,方向;
> 你记得也好,
> 最好你忘掉,
> 在这交会时互放的光亮!

在不对的时间里相遇,注定有缘无分。

她早已知道，世间万物皆有自身规律，一如山河不可逆转，岁月不可回流，所以，她不允许自己沉沦在一段不明确的情感里。

这样的她，未必是不浪漫的，只是清醒理智而已。在如海的一生中永不让自己受伤。

在爱情里，她永远不会让自己步入错误的旋涡。

不是没有勇气，也不是没有担当。人生在世，总要给自己设下道德底线的，不是所有的爱情只要有爱就可以。

有些爱，不可得；有些爱，可得。

有缘，亦要有分的。

抉择

一

1923年伊始,徐志摩收到一封劝诫信,写信人乃恩师梁启超。信中,梁启超词锋凌厉地写道:

……其一,万不容以他人之苦痛,易自己之快乐。弟之此举,其与弟将来之快乐能得与否,殆茫如捕风,然先已予多数人以无量之苦痛。

其二,恋爱神圣为今之少年所乐道。……兹事亦可遇而不可求。……况多情多感之人,其幻想起落鹘突,而得满足得宁贴也极难,所想之神圣境界恐终不可得,徒以烦恼终生而已耳。

呜呼志摩!天下岂有圆满之宇宙!……吾侪当以不求圆满为生活态度,斯可以领略生活之妙味矣。……若沉迷于不可得之梦境,挫折数次,生意尽矣,忧悒侘傺以死,死为无名,死犹可矣,最可畏者,不死不生而堕落至不能自拔,呜呼志摩,无可惧耶!无可惧耶!

当梁启超得知志摩为了徽因离婚并为徽因辗转回国时,除去徽因和爱子思成相恋一层关系不说,他更多的是对志摩的恨铁不成钢。

自1918年,志摩经友人张君劢引荐,拜梁启超为师,志摩是深得师心的。是年8月,老师还为志摩安排了赴美留学。如今,志摩竟然为一己之私乐置他人于苦痛,沉迷在男欢女爱的旋涡中不能自拔,这着实让梁启超痛心不已。

梁启超以师训教弟子的角度来致信志摩。

然而,志摩并没有如他所期望的,听从他的劝言。

反而,志摩任性地给他回信道:

……我之甘冒世之不韪,竭全力以斗者,非特求免凶惨之苦痛,实求良心之安顿,求人格之确立,求灵魂之救度耳。

人谁不求庸德?人谁不安现成?人谁不畏艰险?然且有突围而出此,夫岂得至而然哉!

末了,还豁然亮出爱之大纛:

我将于茫茫人海中访我唯一灵魂之伴侣,得之,我幸;不得,我命,如此而已。

只是流水有意,落花无情。

徽因虽也写诗,但却理性果决,早在踏上回国邮轮的那一刻她就将心收了回来,已和他渐行渐远了。

他炙热的不顾一切的爱情,于徽因而言太重了。

志摩想要的浪漫和痴情，她给不起。

所以，她果断收心。

和志摩之间，只剩朋友间的情谊。

可是，于痴情的志摩而言，纵是桃花流水春去也，到底是意难平。

只是又能如何，在所有的关系中，爱情最难强求。

或许，因为徽因的冷静，志摩渐渐清醒。他终于明白，若不能厮守一生，那么，就选择守望一生吧。

就此，他愿一生以挚友的身份与徽因相处。

人生相逢有时，离别亦有时，不是每段爱情都能圆满。有时，能将一个人珍藏在心底，亦是欢喜的。

一如，后来将徽因掩在心中的志摩。

二

真正爱一个人，是成全吧。

山河岁月里，你只要在，我就欢愉雀跃。

一如志摩所说的：

我这一辈子就只那一春，说也可怜，算是不曾虚度。就只那一春，我的生活是自然的，是真愉快的（虽则碰巧也是我最感受人生痛苦的时期）……说也奇怪，竟像是第一次，我辨认了星月的光明，草的青，花的香，流水的殷勤……

所有的爱意，也就只能在文字里、诗句里了。

思成虽不似志摩那般浪漫，但他从初见就将徽因放在了心里。
思成的优秀，是有目共睹的。
在清华学堂念书的时候，他就是校园里的风云人物。
所以，跟思成在一起的徽因，每一天都如快乐的小鸟。

北京景山后街，有一座典雅的院落叫"雪池林寓"，这是林长民的院子。当初，他爱这里的安谧，加之这里地处北京的中心，所以果断买了下来。在这座庭院的后院，有着两棵高大挺拔的梧树，春天时，梧树青葱碧绿，鲜黄的花朵艳美得耀眼。

此后，他写诗题字都自称"双梧老人"。
徽因和母亲，当时就居住在这座庭院的后院。
那时，庭院里有一架紫藤。紫藤摇曳，羽毛般的叶子密密匝匝地缠藤绕茎，阳光照耀，透过藤蔓架会筛下一地的斑驳光影，煞是浪漫。
她和思成，便常常在这里浪漫约会。

关于他俩的未来，她亦有憧憬。
某天，她告诉思成，她以后一定要学建筑学。之后，就跟思成聊起自己所知晓的建筑，聊她钦佩不已的建筑师也就是英国的房东夫人，还聊那些她见过的欧洲大陆上的"石头的史诗""凝固的音乐"，等等。
她眉飞色舞，像一个纯洁的孩童，眼睛里全是耀眼的光芒。

思成被深深地感染了，尽管那时他连建筑是什么都还不知道，但爱屋及乌的他却坚定了自己的理想，与最爱的徽因一起去学建筑学专业。

就此，多年后，中国获得了两个最宝贵的建筑学大师。

真好。

三

从此，山河岁月长，就只剩志摩一个人用情了。

1923年春，志摩和胡适、闻一多、梁实秋等人成立了新月社。在取社名的时候，他执意取了泰戈尔诗集《新月集》之意，来暗示自己那如"纤弱的一弯新月"之情，于未来终将圆满。

彼时，新月社常常邀请热衷于文艺的徽因来参加他们举办的各种活动。自此，徽因和志摩常常一起出现在各种文化场合。

这于志摩而言是莫大的安慰，可填补自己对徽因热切的渴望。

可是，于徽因而言却早已没有了任何情绪。

她既然已经选择了思成，那么，就只会将志摩视为一辈子的朋友。

她不会避嫌，会坦坦荡荡地和志摩出席每一场活动。毕竟，志摩是自己交心过的男子，是自己的蓝颜知己。

分手了，就老死不相往来，她是不会这样做的。

谁说过，"爱是空性智"，关于爱情本就没有标准答案。所以，别计较、别执着，作茧自缚也不见得会有好结果。

这亦是通达理性的徽因，给当下女子的爱情谏言。

是年5月7日，一场意外突至。

这天，思成和弟弟思永骑着摩托车上街参加"国耻日"游行活动，没承想，车行到长安街时不幸与军阀金永炎的汽车相撞。思成被压在摩托车下，昏了过去。

而此时，坐在车内的金永炎却命令司机绝尘而去。

弟弟思永受了点轻伤，抬头看到哥哥思成满身是血躺在地上不省人事的样子，被吓坏了。

家人火速叫来救护车，将重伤的思成送进了医院。

徽因在得知思成出车祸的刹那，只觉天旋地转。

在她心底，思成是比亲人还亲的人，她早已将思成视为要一辈子相伴的那一个。

还好，思成虽伤得很重，并为此做了五次手术，但性命终是保住了。

而且，他还因此获得了福报。

徽因在思成住院的这段时间里，一有时间就去陪他、照顾他，陪他说话，为他读书，还为他擦身。时值初夏，北平的天气已炎热，思成经常汗水满身，徽因便也不再顾忌，为他擦拭身体。

就此，他们的恋情有了前所未有的进展。

他们之间的爱意，更深了。

经此一劫，他们皆更懂珍惜，不再轻言别离。

至此，在徽因的心里，思成成了最不可失去的人，她亦真正住进了他的城。

她愿从此与他过细水长流的寻常生活，相依到白头。

三

不亏不欠,只谢遇见

与他结缘,
相依相偎,
笑看世间万千。
爱,
犹如空气。
呼吸之间皆是爱意。

良 药

一

或许，一切爱皆有天意。

本来，思成是计划在1923年赴美留学的，因为车祸不得已推迟了一年。这一年，徽因恰在培华女中毕业了，并考取了一个半官费的留学名额。

一切，都是最好的安排。

假若思成离京赴美，徽因留在京城的培华中学，结局或许会不一样。因为，志摩还在为能和徽因在一起努力着。徽因对他的坦然相待，让他一直有种可以复合的错觉，加上徽因还经常参加新月社的文学活动，跟他时常有些交集。

其实，徽因只是将他视为一生的朋友交往着。未承想，给了志摩无限遐想。

尤其是在印度诗人泰戈尔访华时。

泰戈尔访华时的合影（左一梁思成、左三林长民、右一徐志摩、右二林徽因）

当时，作为第一位获得诺贝尔文学奖的亚洲人，泰戈尔以一首《吉檀迦利》征服了一大批文艺青年，其中就包括徽因和志摩。

令他们欢喜不已的是，他俩有幸参与了接待诗人的工作。

志摩，担任诗人在华期间的随行翻译；徽因，则参与诗人来华的接待工作。

诗人的这一次访问，林徽因和徐志摩二人似金童玉女一般陪伴在侧。尤其是在天坛草坪上举行的欢迎会上，徽因搀扶泰戈尔上台，志摩担任翻译，这给人们留下了深刻印象。

后来，吴咏曾于《天坛史话》中，还原了当时的场景："林小姐人艳如花，和老诗人挟臂而行，加上长袍白面、郊寒岛瘦的徐志摩，有如苍松竹梅的一幅三友图。"

一时，他们成了京城美谈。

5月8日，是泰戈尔先生的六十四岁寿辰。为庆祝泰老生日，新月社的成员特意编排了英语版《齐德拉》诗剧。

徽因，饰公主齐德拉；志摩，则饰演爱神玛达那。

昔日的恋人，扮演起恋人自是得心应手，许多过往的情愫自然而然地被带入戏里。于是，舞台上下，大家都进入了角色，分不清谁是谁的恋人。志摩，旧情难忘的志摩，更是深陷其中，他仿佛回到了康桥，回到了和徽因在一起的甜蜜日子。一时间，他忘记了自己是在演戏，竟将一份真情倾泻在舞台上，台下的人们都被感动了，掌声不断。

台下的思成，心里却很不是滋味。

就连不懂英文的梁启超都看出了志摩的情感，心中遂生了不快。思成的心境可想而知。

一时，流言四起。

当时，人们皆知徽因和思成的热恋，亦知徽因和志摩的旧日恋情。

林徽因、泰戈尔、徐志摩

徽因最终会选择谁,这个话题成了人们茶余饭后的谈资。

流言蜚语,固然伤人,但徽因是最懂如何远离的。

死灰复燃的爱情,永远不会在她身上上演。

于是,她再一次郑重地约志摩,告知志摩无论什么境地,他们永是一辈子的好友,再无其他。

并且,她还告诉志摩,不久,她将和思成一起远赴美国留学。

过往都成风,从此,她的爱情世界只容得下思成一个人!

二

时光清浅,凡尘烟火,徽因早就明白自己要走何样的路。

5月20日,泰戈尔要离京赴太原。

作为贴身翻译的志摩,自然随行;明智的徽因,则选择不再随行。

临行前,她和思成一起专门到车站来送行。

透过车窗,志摩看着和思成在一起的徽因,心里有说不出的苦痛。

诗人泰戈尔,觉得他们的感情可惜。临行前,他还特意作了一首小诗送给徽因:

> 蔚蓝的天空,
> 俯瞰苍翠的森林。

> 他们中间,
> 吹过一阵喟叹的清风。

这位浪漫的诗人,有意将天空暗喻成志摩,森林暗喻成徽因。

他是多么希望他俩能相爱一生,只是,心意枉然。他的心便存了淡淡的叹息,唯祝愿他们两个人各自安好。

望着徽因渐行渐远的身影,志摩落下了泪。

爱她的过程,经历的种种,努力的种种,一一浮现在眼前:为了她,他决然地离了婚,哪怕背负陈世美的骂名;为了她,他丢下了所有的骄傲,出入梁府,不顾身份地出现在她和思成的画面中。

可是,到最后滚滚红尘中只他一人痴痴守候。

一如他说过的:"什么半成熟的未成熟的意念都在指顾间散作缤纷的花雨。"

他是真的对她爱如生命了。

灵感因她而生,诗文为她而作,爱她爱到如此地步,要他如何将她忘却呢!

他想着此去经年,她再不是自己的什么人了,心便如冬日的水般冰凉。他忍不住写下:

我真不知道我要说的是什么话。我已经好几次提起笔来想写,但是每次总是写不成篇。这两日我的头脑总是昏沉沉的,开着眼闭着眼却只见大前晚模糊的凄清的月色,照着我们不愿意的车辆,迟迟的向荒野里退缩。离别！怎么的能叫人相信？我想着了就要发疯。这么多的丝，谁能割得断？我的眼前又黑了！

他写得肝肠寸断，只是，这抵死缠绵的字句，最终也没有交到徽因的手中。

原来是被随行的泰戈尔秘书，亦是志摩好友的恩厚之好意拦了下来。

确实，既然情缘已尽，又何必纠缠不休，伤了情面。

人生若只如初见，多好！

但世间事本就是这般，有些人，有些情，有些事，绝非人力所能为。

人生一世，亦从没有如果。

世间男女，只要真爱过，便是最大的幸运吧！因为，他们可拥着温暖的回忆过活。

时间，是最好的良药。

此去经年，她和他都会成为最好的自己。

相 忘

一

1924年6月，徽因完成了在培华女中的学业，思成也已养好伤。

一对璧人，双双相伴赴美留学。

这一年，徽因二十岁，思成二十三岁。

7月7日，他们抵达了伊萨卡康奈尔大学。

徽因，选了户外写生和高等代数两门课程；思成，则选了三角、水彩静物和户外写生三门课程。到了9月，他们一起结束了在康校的暑期课程，双双抵达美国的宾夕法尼亚大学就读。

宾大，是美国著名的学府，这里山明水秀，风景秀美极了。

略为遗憾的是，当时的宾大建筑系不收女学生。

据说，是因为建筑系学生经常需要熬夜画图，考虑到女生的体质，所以不招女学生。即便如此，执着的徽因还是选择了与建筑相关的美术系，并选修了建筑系的课程。

林徽因在美国宾夕法尼亚大学学生证上的照片

跟随父亲旅居伦敦时，徽因就立志要献身建筑。通过与作为建筑师的女房东的接触，她感受到了建筑艺术的魅力，并为此心驰神往。

思成之所以选建筑系，则是爱屋及乌。

是徽因喜爱的，所以他也喜爱了。

所谓默契，就是他们这般吧。

这之后的岁月，建筑成了他们二人毕生的理想和追求。

宾大作为当时全美最好的大学之一，无论环境还是学风，都是极好的。

徽因，极适应这里的生活。天性活泼的她，在这里如鱼得水，她因此受到一大批美国同学的欢迎。

思成和徽因的性情差异，则凸显了出来。思成的外甥女，曾发文描述过这一时期的徽因和思成：

徽因舅妈非常美丽、聪明、活泼，善于和周围人搞好关系，但又常常锋芒毕露表现为以自我为中心。她放得开，使许多男孩子陶醉。思成舅舅相对起来比较刻板稳重，严肃而用功，但也有幽默感。

即便如此，他们两人还是在互补中神奇地获得了难得的"珠联璧合"。

他们一个如大漠孤烟塞北，一个似杏花烟雨江南，融洽地磨合，碰撞出最炙热的火花，成为最奇妙的互补。

后来的时间里，他们二人相继经历了至亲离去的伤痛。

起初，是思成的母亲李蕙仙。

其实，在他们二人赴美之前，李夫人就已重病缠身了，为了不牵绊儿子，她一直隐瞒着。直到病逝，她都没有召回儿子。

未能尽孝，成了思成的痛。

次年，徽因的父亲林长民离世。

军阀混战，直奉战争打响时，林长民入了奉军郭松龄的部队做幕僚，不幸在参与郭松龄反张作霖兵变时遇难。

父亲的惨死，亦成了徽因的痛。

两个人，就此成了同病相怜的人。

作为女子，徽因的情感亦是脆弱的。

当她从梁启超给思成的信中得知父亲遇难时，痛不欲生，数次欲放弃留学归国。所幸，有思成在身边，给她安慰，视她为珍宝，给她所有的爱护；而思成的父亲梁启超，亦对她关爱有加，他曾在给思成的信里写道：

　　我和林叔叔的关系，她是知道的，林叔的女儿，就是我的女儿，何况更加以你们两个的关系。我从今以后，把她和思庄一样的看待她，在无可慰藉之中，我愿她领受我这种十二分的同情，渡过她目前的苦境。

　　父亲林长民，生来廉洁，死后不过留下三百余元现钱，徽因和母亲的生活自然没了着落。自此，梁启超担起了照顾她们母女的责任。尽管当时的梁家已不富裕，但他仍用自己每月微薄的薪水资助着徽因母女。
　　就此，徽因得以熬过那段痛不欲生的时光。

　　由此看，一个女子的一生是否幸福，真的跟所遇的人有很大关系。
　　那时，若非思成与他的父亲，徽因和母亲在那段岁月会怎样真的很难说。
　　风花雪月不能当饭吃，日子都是与柴米油盐打交道。
　　所以说，选择于女子而言，是门功课。
　　对的人，是良人，是可以跟自己患难与共的。

二

　　当徽因和思成在宾大过着忙碌而充实的日子时，志摩也有了新生活。
　　志摩在一个美好的日子，遇见了婉约的女子陆小曼。

志摩初识小曼,是在泰戈尔六十四岁的诞辰上。

当时,他们还是陌路。那时,他和徽因正在台上同演一幕舞台剧,内心凄恻;而那时的小曼,则是一个失意的看客。

一个戏者,一个观者,本来无甚交集。

然而,缘分这事,是命定的,有缘的人兜兜转转之后仍会走到一起。

一如,志摩和小曼。

他们在一次舞会上相遇,光影交错中,她的落寞,让志摩心疼;志摩的失意,亦得到了小曼的抚慰。

这样的两个人,如电光石火般瞬间迸发了爱情。

彼时,小曼还是王赓的妻子。

只不过,媒妁之言下的婚姻,于小曼而言成了桎梏。风华绝代、招摇妩媚、个性叛逆的小曼,无法忍受不解风情的王赓,而浪漫多情的志摩,则如同一束光照亮了她灰暗的生活。

她沦陷在志摩那浓得化不开的浪漫诗意里。

浓郁炽热的爱,就此在二人心中生发。

尽管,他们之间的爱情不被世俗认可,但他俩仍在艳阳高照下,不管不顾地相爱了。

为了能和志摩在一起,小曼不顾家人的反对,坚决要与王赓离婚。为了离婚,她还不惜堕掉了腹中的胎儿。

志摩也拼了,他不再顾忌任何人的反对,拼死都要和小曼在一起。

他说,他没办法再承受一次错失爱人的心痛了。

错失徽因,已让他痛不欲生,这一次,他绝不能再错失陆小曼。

他们的爱情,在当时可谓波涛汹涌、惊天动地。

不过还好,如同经历了九九八十一难,他们最终得以携手相伴。1926年10月3日,志摩和小曼排除万难,终于举行了婚礼。

如此结局,也是好的。

就此,徽因和志摩的情感纠葛真正走到了终点。

从此,红尘阡陌之中,他们只是彼此的过客,天涯路远,各自安好!

安 稳

一

黄碧云说:"如果有天我们湮没在人潮之中,庸碌一生,那是因为我们没有努力要活得丰盛。"

没错,再脱俗的人生,都需要努力活得丰盛才会精彩。
徽因人生中的每一步,都走得努力而坚定。
她要俗世的幸福,亦要丰盈的人生。

1927年6月,她从宾夕法尼亚大学毕业,获得了美术学士学位,并在建筑系兼任建筑设计课讲师。6月至8月,她和思成一起到了费城保罗·葛列特建筑事务所实习。再后来,她进入耶鲁大学戏剧学院,师从G.P.帕克教授,成为我国第一位在国外学习舞台美术的学生。

时光里,她渐渐长成为一个品貌才学都皆出众的女子。

是年12月,于北平,在梁启超的主持下,他们订了婚。

操持完他们的订婚仪式,梁启超不胜喜悦,提笔给思成写了这样

林徽因的毕业照

的信：

  这几天为你们聘礼，我精神上非常愉快。你想从抱在怀里"小不点点"（是经过千灾百难的），一个孩子盘到成人，品性、学问都还算有出息，眼看着就要缔结美满的婚姻，而且不久就要返国，回到我的怀里，如何不高兴呢？今天北京家里典礼极庄严热闹，天津也相当的小小点缀，我和弟弟妹妹们极快乐的顽了半天。想起你妈妈不能小待数年，看见今日，不免起些伤感，但她脱离尘恼，在彼岸上一定是含笑的……

  婚礼只要庄严不要侈靡，衣服首饰之类，只要相当过得去便够，一切都等回家再行补办，宁可撙节下点钱作旅行费。

  你们由欧归国行程，我也盘算到了……

  一切，都很完满。

父辈完结一桩心事甚觉圆满，而她也得到了自己想要的幸福。

次年 3 月，她和思成在加拿大的渥太华举行了婚礼。

彼时，徽因二十四岁，思成二十七岁。

心灵手巧的徽因，亲自为自己设计了一套东方式的结婚礼服，是一套旗袍式的裙装，并且还设计出一套别出心裁的头饰，冠冕式帽子，两侧垂着长长的披纱，既有古典韵味又具民族情调，极美。

她的妆容，亦美。

当时，当地的媒体争相报道他们这场婚礼，据说还引起了不小的轰动。

林徽因与梁思成的结婚照

弟弟梁思永,则撰写了一副对联,予以祝福:

上联:林小姐千装万扮始出来
下联:梁公子一等再等终成配
横批:诚心诚意

婚前,思成曾问徽因:"有一句话,我只问这一次,以后都不会再问,为什么是我?"

徽因则深情地回答:"答案很长,我得用一生去回答你,准备好听我了吗?"

聪慧若徽因,这回答比"我爱你"更意蕴悠长。

就此,思成将她一辈子珍藏于心,细心呵护,妥善安放,免她惊,免她苦,免她四下流离,免她无枝可依。

二

他们的蜜月之旅,是去往徽因曾跟父亲走过的欧洲。

虽然,思成永远不会像志摩那样浪漫多情,一提笔就是情话蜜语,但是,他懂徽因内心的残缺和渴求。

他亦知给徽因最长情的陪伴,这要比舌灿莲花去讨她欢心实际得多。

所以,蜜月旅行时,他决定陪她走一走她曾经与父亲一起走过的地方。

巴黎,是他们蜜月之旅的第一站。

他特意陪徽因去了声名远播的巴黎圣母院，这座早期哥特式建筑的代表作，带给他们视觉惊艳的同时也带给他们无限欢喜。

正值明媚的春天，巴黎的浪漫情调浓郁，在街道上、露天的酒吧里，到处都是浪漫的人儿，年老的、年轻的，皆无视全世界地拥抱、亲吻，仿佛世界只有他们……

骨子里浪漫的徽因就此被感染了，她和思成的蜜月因此也变得浪漫而甜蜜。

彼时的徽因觉得，自己是世界上最幸福的那一类人了。

前方的路，虽无多锦绣，却亦是丰盈欢愉、风轻云淡的。

之后，他陪着徽因去了凡尔赛宫。

位于法国巴黎西南郊外的凡尔赛宫，昔日曾为法王路易十三的狩

林徽因与梁思成

猎行宫，后作为法兰西王宫，是西方古典主义建筑的杰出代表作。

随后，他们又去了卢浮宫。

这座法国最大的王宫建筑，是世界上最古老、最著名的博物馆之一，亦是举世闻名的"艺术殿堂"，收藏无数艺术奇珍，譬如著名的"卢浮宫三宝"：《米洛斯的维纳斯》《萨莫色雷斯的胜利女神》《蒙娜丽莎》。

最后，他陪徽因去看了文艺复兴时期米开朗琪罗的《挣扎的奴隶》，感受那悲剧性的表达，以及那宏伟建筑带给人们的底蕴和力量。

这之后，他们离开了巴黎，去往有着更多艺术建筑的意大利。

他们依偎着坐在火车上，看窗外风景转换，看世事从身边溜过，内心甜蜜无比。

只因有一个人，成了自己最好的陪伴。

两人走出罗马车站时，正值黄昏。

夕阳下的罗马古城，美若油画。徽因的心，因此雀跃了起来，似个孩童般指着一些曾和父亲逗留过的地方让思成看——这是美丽的古老喷泉，这是格雷教授讲过的圆柱，这是马尔斯广场的方尖碑……

在圣彼得教堂里，他们虔诚地在圣坛摇曳的烛光中，双手合十，眼含热泪，于心底默念，唯愿这一生一世永不分离。

这之后，海枯石烂、天崩地裂，都不能将他们分离。

有人说，徽因爱得聪明，聪明之处在于：她早早明白了嫁给一个人，便是嫁给一个家庭。

林徽因与梁思成

与志摩的父亲富商徐申如相比，学识渊博的梁启超更胜一筹。因为，他更懂舐犊之情，更可做人生的导师，且声名显赫。

思成的为人，则更是只懂浪漫的志摩所无法相提并论的。思成宽容大度，最懂得迁就呵护她；志摩则不同，诗人的气质注定了他是善变的、梦幻的、不实际的。

婚姻如人饮水，冷暖自知。

徽因经过世事，早已磨砺成一个善于内省的女子。

那些摸不着、触不到的如梦一般的浪漫爱情，让她太没安全感了，母亲曾经历过的那些孤寂的、煎熬的独居时光，早已如齿痕印刻在她的心里。所以，她始终向往的、想要拥有的就是细水长流的爱情。

因为，这样的爱情里藏着俗世的烟火幸福。

这样的爱情，浪漫的志摩给不了，但温良的思成，给得起。

确实，爱情，从来都是一场赌注。

好的，或许是一段青涩寂寞的岁月；坏的，则是长长寂冷的一生时光。

她赌不起，也不敢赌。

生活不是几句情话、一副好容颜，抑或一个好家世就可以成就的。生活，需要的是实实在在地活着。

靠一双慧眼，才能选到对的人，获得烟火人间里的小幸福。

四

烟火人间，如是生活

她爱这平凡的俗世人间，
亦爱这淡淡的烟火生活。
和思成，
度过细碎的时光，
不惊不扰。
所谓岁月静好，
恰如这般。

相 伴

一

他们两个人，一路相伴，甜蜜地走过了欧洲许多国家。

看了英国的圣保罗大教堂，去了海德公园；看了德国的科隆大教堂，去了爱因斯坦天文台，参观了以专门培养建造师著称的包豪斯学院；看了瑞士的阿尔卑斯山，去了山水环绕、古迹遍布的日内瓦，见到了卢梭岛上大师卢梭的铜像……

原本，他们要这样相伴着走更多的路，见识更多惊艳的建筑，但一封电报结束了他们的行程。

这封电报，是父亲梁启超发来的，他希望二人可以早日回国相伴。

彼时病重的梁启超，之所以发这封电报，一是为纾解自己对孩子们的思念；二是为了孩子们的前途。

原来，梁启超早就病了。

1926 年初，他在北京协和医院开刀切除了右肾。然而，手术后病痛不减反而更重，稍一劳累还会长时间尿潴留，还时常便血。可是，始终查不出真正的病源。不过，他并未被疾病击倒，仍一如既往地读书、写文章、做学问，还制订了许多长远的写作规划，对儿女，更是"报喜不报忧"。

徽因和思成在西班牙的时候，他就写信告诉他们，思成的工作已经确定下来了，去东北大学任教，并且聘书已经收到，月薪二百六十五元，暑假一结束就要开始任课。他还专门说，这是初次任职教员的最高薪金。

距离东北大学开学还有一个多月，徽因和思成即结束了欧洲之游。

三个月左右的蜜月之行，是他们第一次相伴远行，亦是他们一生中最浪漫的一次远行。

火车一路东行，穿越西伯利亚无边无际的森林、浩瀚的湖泊、荒凉的原野，途经鄂木斯克、托木斯克、伊尔库茨克、贝加尔斯克……终于抵达了中苏边境，他们得以换乘开往中国的火车。之后，又一路经过哈尔滨、沈阳、大连，直到登上了一艘开往天津大沽口的日本轮船，他们这一场漫长的旅程才真正接近尾声。

当时正值盛夏，已有浓重的炎热气息，还好，天空突降一场暴雨，带来了丝丝清凉。

他们在黄昏时分搭乘上了一列从天津开往北京的火车，这一路颠簸曲折的行程至此总算彻底结束了。

踏上北平的土地那一刻，他们生出了浓厚的游子归家之情。

见到了思念良久的亲人，漫步在熟悉的大街小巷，听着柔润卷舌的北京话，望着皇家宫院里金色和绿色的屋顶……

他们惊觉，这一梦幽远，原来最好的栖息地是故土。

两颗漂泊的心，就此融合在北京这片城池，任风里来、雨里去，不再沾染尘埃，彼此紧密相伴。

拥有了彼此时，在这个世间，他们都不再是孤单的一个人了。

二

是年 8 月，她和思成终于回到了北平。

对于妙丽、端庄、优雅的徽因，梁启超自是喜爱有加，在给女儿思顺的信中，言语间全是欢喜：

新娘子非常大方，又非常亲热，不解作从前旧家庭虚伪的神容，又没有新时髦的讨厌习气，和我们家的孩子像同一个模型铸出来。

他们的住房，被修饰一新，所用皆是王姨①为他们全新购置的。

徽因，便随着思成他们一起称王姨为"娘"。

---

① 即王桂荃，梁启超的第二夫人。

王姨虽是庶母，然于思成的心中，她胜似母亲。他很爱戴、尊敬她。他亦告诉徽因，这个大家庭多亏了王姨上下打点，她不仅是母亲李蕙仙的得力助手，也是家庭的主要劳动力。她全力分担，将一大家子打理得井然有序，父亲才得以拥有一个祥和、安宁的环境来写作、教学，并从事各种社会活动。

这样能干、善良的王姨，得到了一家人的爱戴、尊敬，尤其是父亲梁启超。

不过，父亲梁启超没能给她名分，只因他一直奉承一夫一妻的信念，并发誓要做天下人之榜样。但是，在他心中王姨的分量亦很重很重。

徽因，亦十分爱戴王姨。

女神的光环，是后世的人赋予她的。

生活在尘世的徽因，始终活得平凡，她吃五谷杂粮，食人间烟火，最爱和思成一起过凡尘小日子。

所以，洗手做羹汤，于她亦是可胜任的。

在梁家短暂的新婚生活中，她做起家务来也是有条不紊的。作为梁家的长媳，无论亲戚间的走动，还是对客人的接待，抑或在家族成员之间关系的处理上，她都做得很到位。

对于这样的角色转变，她曾跟自己的好友沈从文这样说道："我是女人，当然立刻变成纯净的'糟糠'的典型……"

不过，这样的日子很快就结束了。

8月底，思成赴东北大学任教。她没有一同前往，因为念母心切

在东北大学执教时的林徽因

她便赶往故乡福州去看望母亲了。父亲去世后，母亲就回了福州老家。作为女儿，她归国后要奉养母亲，陪伴母亲。

大概，待到暑假结束，徽因才携母亲一起到了沈阳，与思成会合。

在福州，她曾受邀到福州乌石山第一中学做了题为"建筑与文学"的讲座，在仓前山英华中学做了题为"园林建筑艺术"的演讲，并为叔叔林天民设计了福州东街的文艺剧场。

此去经年，东街文艺剧场成为她留给故乡的唯一纪念。

而那之后，她一生再未能回到故乡。

于徽因而言，思成在哪里，哪里才是她心的栖息地。

当思成写信催她快来时，她便马不停蹄地从故乡赶往东北。这时的东北大学建筑系，师资紧缺，思成既是系主任，又是学科的教师。工作可谓千头万绪，急需徽因来相助。所以，徽因一来也就担任了建筑系的教授，负责讲授建筑设计和雕饰史等课程。

两个优秀的人儿，因有着相同的爱好，亦有了最美好的陪伴。

所谓夫唱妇随就是如此吧，他们的幸福就在东北辽阔的大地上浪漫地演绎着。

菜在筐里，你在后座上，亦步亦趋；时光柔美，你温暖我，我温暖你。一如朱生豪对宋清如说的情话："我一天一天明白你的平凡，同时却一天一天愈更深切地爱你。"在日日相伴里，他们也更爱慕彼此了。

这就是婚姻最美好的样子吧——千帆过尽，依然爱慕你如初。

意浓

一

有人说，人的一生不过是午后至黄昏的距离，月上柳梢，茶凉言尽，一切都可以落幕。

人生短暂亦寂寞，能与一人甜蜜相伴，即能得素年锦时。

徽因和思成的相聚，让他们的东北生活溢满了温馨。归来的徽因，比之前黑了些，但依然貌美如花。

时值10月，东北的天已冰寒彻骨。

晨起，玻璃窗上会结一层厚厚的冰霜；夜睡，窗外天寒地冻。不过，徽因来了，他们的小公寓里则充满了温暖。他们生起了炉火，换上了绉纱灯罩，挂上了任公手写的条幅，陈设上了古雅的陶瓷，还搬来了一盆仙客来放置在茶几上。

小公寓，就此成了真正意义上的家。

如此蕙质兰心的徽因，让思成感慨不已。他想起了"拉斯金的演讲"，忍不住跟徽因分享说：

"我记得拉斯金把美好的女性比作'王后花园里的百合'。

"拉斯金还说,真正的妻子,她无论走到什么地方,家便围绕着她出现在什么地方。她头顶上也许只有高悬的星星,她脚下也许只有寒夜草丛中萤火虫的亮光,然而,她在哪儿,家便在哪儿。……"

看着滔滔不绝的思成,徽因感动不已。

拉斯金的作品是她推荐给思成的,未承想,思成体悟得如此深刻。

生为女子,能遇如此知己为夫,此生可以无憾!

话说,彼时初办的东北大学建筑系,只有他们夫妇二人任教。

作为女子,她巾帼不让须眉,淋漓尽致地展现着自己的教学魅力。

她用美式的教学方法授课,受到了无数学生的欢迎。

她知识渊博、口才一流,授课时有犀利,时有温柔。小小的身躯里藏匿着无穷的铿锵力量,令人钦赞、仰慕。

他们的小日子,过得温馨美好。然而,当时的东北,却十分不太平,时局混乱,外有日本人的虎视眈眈,内有各路土匪的昼伏夜出。

可是,他们二人为教学忙得不亦乐乎,并不为此心忧。

被各派势力盘踞的东北,到了晚上更是各路人马都出现,当地人将土匪称为"胡子"。他俩不敢开灯,听着马队在屋外飞驰而过,虽然紧张得要命,但还是忍不住隔着窗子往外偷偷瞧着。月光之下,这些"胡子"骑着骏马,披着清一色的红色斗篷,浩荡而过,徽因想到的竟然是"罗曼蒂克"一词。

内心有爱,生活中就会充满无限的罗曼蒂克!

彼时的沈阳，是一座具有中西融合之美的城市，古建筑颇多。

比如，清代的皇宫、陵寝等，这些成了徽因实地授课的好去处。除此之外，她和思成还经常一起，做一些实地考察。舟车劳顿，天寒地冻，说来很苦，然而对爱深情浓的他们而言，这样的时光，是"吾之素年，汝予锦时"。

所谓，生活因你而美好！

二

工作中的女性，最让人钦佩。

彼时的徽因，就是这样。

彼时的东北大学建筑系，可以说一切都要从头开始。

没有合适的教材，初报该学科的学生也不知何为建筑学。

不过，没关系。

没教材，他们就亲自编写教材，把自己曾经学到的关于建筑学、美学、历史、绘画史等相关学科的知识，一一融会贯通到教学教材里。

学生不知何为建筑，他们就引领着学生认识这门学科。

一如思成告诉学生的："建筑是什么，它是人类文化的历史，是人类文化的记录，反映着时代精神的特质。"

渐渐地，学生从一无所知，到不知不觉爱上了这门学科。

渐渐地，她和思成成了学生最爱戴的老师。于学生而言，上他们的课就如沐浴在晨曦之中。尤其是她的课,学生随着她的侃侃而谈,穿越古今,徜徉于浩瀚的建筑、书画、雕塑、音乐、语言、哲学……

他们也很喜欢思成的课。
学识深厚的思成,将枯燥的建筑学讲解得形象而生动。他会画图,也会拆解,他常常可以在黑板上像变魔术一般地将一些古代经典的建筑图还原,且惟妙惟肖,帮助学生更准确地掌握经典建筑的特征。

他们这对优秀的、学识颇深的璧人,就此成了学生们的偶像。
对这群可爱的学生,徽因和思成亦是喜爱有加的。
尤其是思成,他希望学生在他的带领下皆成为建筑界的精英。
然而,当他们快要熬过沈阳的冬天,事业也渐入佳境时,一封电报打破了他们平静的生活。

父亲梁启超病重入院,且有生命危险。
前些天,他们曾收到梁启超的一封来信。当时他们就发现来信上的毛笔小楷较往常有些潦草,且信中还提及了他鲜少说过的病况:

这回上协和医院一个大当。他只管医痔,不顾及身体的全部,每天两杯泻油,足足灌了 10 天,把胃口弄倒了。也是我自己不好,因胃口不开,想吃些异味炒饭、腊味饭,乱吃了几顿,弄得肠胃一塌糊涂,以致发烧连日不止。人是瘦到不像样子,精神也很委顿……

自读完这封信后,他们二人的心就一直是悬着的。

因为一向坚忍自持的任公,从不会轻易抱怨,也不会轻易向他人吐露自己的病情。

未曾料到,这是父亲留给他们的最后一封信。

近两年来,父亲进出协和医院早已成平常事。这次,大家也都觉得是一次常规住院,任公自己还在病床上赶写《辛稼轩年谱》呢。

谁知,这次住院却成了生离死别。

思成和徽因赶回来,见到他时,他尚还清醒,只是口不能言,但面上全是喜悦之色。

1929年1月,病重的他还是溘然长逝,享年五十七岁。

一生著述一千四百万字的他,临终却没有留下一句遗言。

四十多年后,思成才从为他治病的大夫那里获悉父亲早逝的真相。原来,当年由于值班护士失误,错将切除手术的位置标错,而执行手术的大夫也没有仔细核对X光片,因此,误将梁启超健康的肾切除了,坏死的肾还在。

这一错误,不久后院方就发现了,怎奈碍于梁启超在社会上的知名度,院方竟把这当作"最高机密"给隐瞒了。

这于思成而言,成了一生最难以释怀的憾恨。

而当时,徽因已身怀六甲,她伤心不已,坚持要亲力亲为地料理梁启超的丧事。

于她,梁启超犹如生身之父般恩重如山。

她和思成还一起为梁启超设计了墓碑。

从此,这世间除了母亲和思成,她再无可依之人了。

生老病死,有人来了,有人去了,这便是生活吧!

锦时

一

1929年3月,她和思成将梁启超后事料理好后,又一起回到了天寒地冻的沈阳城。

任公之去,于她和思成都是深深的伤痛。特别是她,身怀六甲,加之伤痛颇深,已身心俱疲。严重的妊娠反应,折磨得她几乎吃不下任何东西。

思成很担心她,劝她卧床暂时休息。

然而,她说,只有站在讲台上,她才能忘却身体不适,忘却失去任公之痛。

没办法说服她,思成看她一日日消瘦,只能加倍细心地呵护她。

她仍负累工作着,且凡事都不想落后于人。每日,她照常出现在讲台上,热情地给同学们讲着她深爱的建筑课程。

所幸,彼时的建筑系迎来了三位新教员。

他们分别是陈植、童寯和蔡方荫,是思成和她的同学,亦都是宾夕法尼亚大学的优秀毕业生。

应思成和徽因之邀,他们来到东大建筑系任教。

志同道合的老同学聚在一起,很快就将建筑系教学搞得风生水起。他们夫妻二人的重担,得以分担,许多被搁置的工作,亦得以实施。

这一切,让他们好生欣慰。

不久,他们几个人一起创立了"梁陈童蔡营造事务所",不仅搞研究,还承揽建筑工程。恰逢吉林大学筹建,他们包揽了所有工程,收入亦因此得到了很大提高。

每个周末,是他们最快活的日子。

一帮老同学聚在他们的小公寓里,吃茶、聊天,好不热闹。

也就是在这段时间,兼任东大校长的张学良设奖金征求"东北大学校徽"图案,徽因设计出了"白山黑水"的校徽图案,设计图一出来,即被选中。

她的事业,就此步入了一个新高度。

是年8月,她和思成的女儿在北平出生。

他们高兴地为这个小小孩童起名为"再冰"——为纪念刚刚过世不久的梁启超,取其书房"饮冰室"的雅号。

岁月,就此趋于静好的模样。

一个温良的男子,一个可爱的孩童,她的生活里再不见惊涛骇浪,一切都平静如水,无比美好。

书房中的林徽因

这样的幸福,简单而真实,是她想要的。

她终于过上了从小就渴望的生活——淡淡的日子,不浮不躁,不争不抢,不轰轰烈烈,却可心安。

二

都说,女子成母,是为新生。

这话一点不假,做了母亲的徽因,亦如此。

女儿一满月,他俩就回了沈阳。此时,东北大学已经开学,他们也开启了自己在这里工作的第三个学期。

徽因并没有因为宝宝的到来,而放弃任何工作。

她依然站在讲台上,依然以坚实的脚步在喜欢的建筑事业上行进。

婚姻里的女子,最不应依附。贤妻良母要做,柴米油盐要操持,但是独立之女性更要做,这一直是她的信念。

林徽因在书房中工作

她十分称职地做着思成的妻子、再冰的母亲,却没让自己成为只关心柴米油盐的家庭主妇。

只是,宝宝的出生,给他们带来了巨大的喜悦,也带来了无尽的劳累。

繁重的教学工作,加上带宝宝,又因东北的酷寒干燥,徽因不幸病倒了。她年轻时感染过的肺病复发了。

她不得不停下手头的所有工作,卧床休养。

可是,身体久久不见好转。恰这时,志摩特意来沈阳看她,见到病容满面憔悴不堪的她,很是心痛。志摩当即跟思成说沈阳的医疗条件、气候皆不适宜徽因养病,劝他赶紧带徽因回北平疗养。

思成听从了志摩的劝告,于 1930 年冬,带着徽因和女儿回到了北平。

最初,他们住在思成的大姐家。后又搬到了胡适、傅斯年、陈垣等居住的东城米粮库胡同。

由于所租房子狭窄拥挤，他们最后搬到了北总布胡同的三号院。

三号院是一套二进四合院，约有房四十间。

在这里，他们享受着鸟语花香的美好时光。

病中的徽因，仍以一个生活家的眼光将这个家装饰了一番，使其颇具韵味。

这套四合院，里院与外院之间隔着垂花门，院子里栽有丁香、海棠、马樱花，为此，徽因特意将窗户换上了自己设计的木格窗棂，窗纸皆换成透光的玻璃，并在客厅里挂上梁启超手书的条幅，上书"清水出芙蓉，天然去雕饰；白鸥没浩荡，万里谁能驯"四句。

家，就此拥有了佳美景致。

而此际，因为徽因，志摩成了三号院的常客。

彼时，他与南京中央大学的方令孺、方玮德、陈梦家等创办了《诗刊》，并邀徽因供稿。1936年2月，他应胡适之邀任职于北京大学。

就此，他和徽因的距离更近了。

不过，时过境迁，人事早已有了另外的模样。徽因已是人母，而志摩也已再婚。所以，二人的交往有了情感之外的升华，不再局限于浊世男欢女爱的诉求，而是一种知己，一种相伴相知的情谊。

令人惊喜的是，志摩与思成相处亦好。

于她而言，这就是生活吧。

有爱人，有友人，虽平淡，却如溪流般过得波澜不惊，清雅安稳。

五

尘世如斯，雾来云去

她喜欢看雨、听雨、
数竹帘的雨滴。
诗意满心的她，
最难承受的是志摩的离去。
尽管，
她熟知这尘世，
云卷云舒里日日会上演别离。

山居

一

1931年3月，徽因到了香山的双清别墅养病。

这一年，她才二十七岁。

山上景致宜人，每一处植物皆美丽、有灵性，徽因突然就看见了生活静好的样子。她沉寂于心灵深处的浪漫情怀，被激发了出来，犹如一朵花开，一缕风来，她见风、见草、见木、见花……皆有了万千的思绪。

于是，她开始重拾往日情怀，捧起搁置良久的文学著作，并在夜阑人静的时候独自伏案写作。

她早已忘记了医生的嘱咐。

4月，她应志摩之邀创作的三首诗歌——《那一晚》《谁爱这不息的变幻》《仍然》，于《诗刊》第二期发表。

拿到刊物时，徽因高兴得像个孩子，病痛都没了。

林徽因在香山养病时居住过的双清别墅

病榻上的林徽因

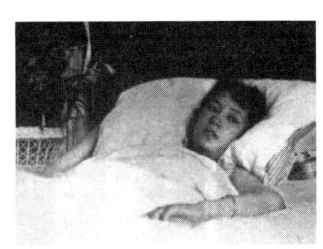

这让她更加废寝忘食地投入创作,且一发不可收。在这段时间,她创作了许多诗歌和小说,这些作品刊登发表后口碑甚佳。

比如《笑》:

> 笑的是她的眼睛,口唇,
> 和唇边浑圆的漩涡。
> 艳丽如同露珠,
> 朵朵的笑向
> 贝齿的闪光里躲。
> 那是笑——神的笑,美的笑:
> 水的映影,风的轻歌。
>
> 笑的是她惺忪的鬈发,
> 散乱的挨着她的耳朵。
> 轻软如同花影,
> 痒痒的甜蜜
> 涌进了你的心窝。

在香山养病的林徽因

那是笑——诗的笑，画的笑，
云的留痕，浪的柔波。

再如《深夜听到的乐声》：

这一定又是你的手指，
轻弹着，
在这深夜，稠密的悲思。

我不禁颊边泛上了红，
静听着，
这深夜里弦子的生动。

一声听从我心底穿过，

忒凄凉
我懂得，但我怎能应和？

生命早描定她的式样，
太薄弱
是人们的美丽的想象。

除非在梦里有这么一天，
你和我
同来攀动那根希望的弦。

受英国唯美派诗人的影响，她的诗作，写得轻盈而美好，细腻而真挚，读来令人动容不已。

而她的山居生活，因为有了诗，更加情意丰沛，令人沉醉。

二

除了诗，徽因的山居生活里还有好友相聚。

时常会有朋友来探望她，比如沈从文、金岳霖、韩湘眉等文坛大家、社会名流。不过，来得次数最多的还是志摩。

彼时，小曼已经开始了每日挥霍、喝酒跳舞的日子。

尽管他们还相爱，但却多了许多争吵。志摩为此常常觉得很累，也只有到徽因的跟前，才觉得自己惆怅万千的灵魂有所安放。

徽因，很喜欢这样的小聚。

三五知己相聚，煮茗夜话，是多么令人艳羡的闲逸时光；漫山遍野的风景，志摩每次来时的切磋，皆成了她灵感的源泉。

她的笔端就此生出烟霞，创作了无数经典作品。

其间，有她对生活的热爱，亦有她对生命的挚爱。她感情丰沛、纤细，构思巧妙、独特，所创作的诗作皆被大家交口称赞。

对她褒奖最多的，当然还是志摩。

他曾说："徽因的诗，佳句天成，妙手得之，是自然与心灵的契合，又总能让人读出人生的况味。这首《一首桃花》与前人的'记得绿罗裙，处处怜芳草'是同一种境界。"

于志摩而言，徽因始终是他心底最悸动的梦。

志摩每次来都会与她一起探讨文字、诉说心情，他们之间的情感早已超越单纯的爱情，似友情亦似亲情。

志摩亦曾说过，也只有和徽因在一起时，才可以让自己的灵魂真正地释放。

他和小曼的感情裂痕越来越深，然而对任性的小曼，他还是容忍着、宠爱着。只是，在看到静美的徽因时，他心里会生出委屈。尽管徽因没有小曼妩媚妖娆，却能够抚平自己一颗躁动的心。

而徽因，则始终希望他能够幸福。

你舒伸得像一湖水向着晴空里

>白云，又像是一流冷涧，澄清
>许我循着林岸穷究你的泉源：
>我却仍然怀抱着百般的疑心
>对你的每一个映影！
>
>你展开像个千瓣的花朵！
>鲜妍是你的每一瓣，更有芳沁，
>那温存袭人的花气，伴着晚凉：
>我说花儿，这正是春的捉弄人，
>来偷取人们的痴情！
>
>你又学叶叶的书篇随风吹展，
>揭示你的每一个深思；每一角心境，
>你的眼睛望着，我不断的在说话：
>我却仍然没有回答，一片的沉静
>永远守住我的魂灵。

这是徽因写下的《仍然》，到如今都未有人知，是不是为了应和志摩的那首《偶然》而作。

无论是与否，在她的内心深处，志摩永远是她最纯粹的朋友。

而于志摩而言，他无论爱上了哪个女子，在他的内心深处，唯有徽因是那永远静美丰盈的女神，永不可摧。

她始终是自己这一世唯一的红颜知己，无人可替代。

对徽因来说,志摩又何尝不是。

且看她写下的《那一晚》,就可窥见她心底的隐秘。

那一晚我的船推出了河心,
澄蓝的天上托着密密的星。
那一晚你的手牵着我的手,
迷惘的星夜封锁起重愁。
那一晚你和我分定了方向,
两人各认取个生活的模样。

到如今我的船仍然在海面飘,
细弱的桅杆常在风涛里摇。
到如今太阳只在我背后徘徊,
层层的阴影留守在我周围。
到如今我还记着那一晚的天,
星光、眼泪、白茫茫的江边!
到如今我还想念你岸上的耕种:
红花儿黄花儿朵朵的生动。

那一天我希望要走到了顶层,
蜜一般酿出那记忆的滋润。
那一天我要跨上带羽翼的箭,
望着你花园里射一个满弦。
那一天你要听到鸟般的歌唱,

那便是我静候着你的赞赏。
　　那一天你要看到零乱的花影,
　　那便是我私闯入当年的边境!

在久长的岁月里,她的诗意曾被生活一点点地消磨掉,曾经的诗情画意,终成一场梦。再遇志摩,她灵魂深处的情绪,才如同小鹿一般跳了出来。

就此,他俩亦友人亦亲人地在一起切磋着诗词歌赋。

这样的二人,在有生之年,丰盈了彼此的世界,曾清澈地爱过,又清澈地将友情继续下去。

如此,真好。

这便是时间给予的最好安排吧!

三

在面对小曼焦头烂额的日子里,徽因始终是志摩心灵最大的安慰。只要能和徽因相见,他即觉世间仍有美好。

懊恼的时候,他也会向徽因诉苦。

曾经他说:"看来,我这一生不会再有幸福了!"

这世间,幸福从来都是最奢侈的,不是任何他人可以给予的。小曼不能够给他,徽因更不能。

毕竟,穹苍之下,他们不再拥有彼此。

6月的时候,志摩又邀着罗隆基、凌叔华、沈从文,一同到香山看望徽因。

这天,徽因的病情加重,已发烧十多天,整个人蔫蔫的,很是疲乏憔悴,志摩看后心疼不已。

再冰也来了,跟着外祖母。

不过,因为徽因的病痛,大家都开心不起来。

志摩特意带来了第三期的《诗刊》,上面刊登了他的新作《你去》:

> 你去,我也走,我们在此分手;
> 你上哪一条大路,你放心走,
> 你看那街灯一直亮到天边,
> 你只消跟从这光明的直线!
> 你先走,我站在此地望着你,
> 放轻些脚步,别教灰土扬起,
> 我要认清你的远去的身影,
> 直到距离使我认你不分明,
> 再不然我就叫响你的名字,
> 不断的提醒你有我在这里,
> 为消解荒街与深晚的荒凉,
> 目送你归去……
> 不,我自有主张,
> 你不必为我忧虑;你走大路,
> 我进这条小巷,你看那棵树,

> 高抵着天，我走到那边转弯，
> 再过去是一片荒野的凌乱：
> 有深潭，有浅洼，半亮着止水，
> 在夜芒中像是纷披的眼泪；
> 有石块，有钩刺胫踝的蔓草，
> 在期待过路人疏神时绊倒！
> 但你不必焦心，我有的是胆，
> 凶险的途程不能使我心寒。
> 等你走远了，我就大步向前，
> 这荒野有的是夜露的清鲜；
> 也不愁愁云深裹，但须风动，
> 云海里便波涌星斗的流汞；
> 更何况永远照彻我的心底；
> 有那颗不夜的明珠，我爱你！

不知为何，徽因看了之后，竟胆战心惊起来。

志摩曾给友人写信说过，此诗是为徽因而写的。然而，字句之间，仿佛有一种暗喻。

下山的时候，志摩什么也没说，只轻轻吻了吻小小的再冰。

徽因拖着病体送了他们，志摩转头时，看到徽因一直定定地站在那里，眼泪就止不住地流了下来。

此刻，满山杏树已硕果累累。

此后，人事两分，徒剩这回忆疯长。

知己

一

9月下旬,徽因结束了在香山疗养的生活,回到了北总布胡同的家。此际,思成因挂念徽因,也辞去了东北大学的职务,回到了北平。

他们应朱启钤聘请,一起到"中国营造学社"供职。梁思成任法式部主任,林徽因任"校理"。

中国营造学社创始人朱启钤,在袁世凯政府担任内务总长时,奉袁世凯之命修缮皇宫,而对古代宫廷建筑产生了浓厚的兴趣。他曾印刷发行过宋代建筑学家李诚的《营造法式》,因此,在学界产生了深远的影响。

中国营造学社是他自筹资金发起创立的,时任社长,专门从事中国古代建筑的研究。

中国营造学社,虽为民间学术机构,但其所研究的项目恰与思成和徽因的学术方向相同。

二位自是欣然前往。

重拾停歇已久的事业,于徽因而言,比诗意的山居生活更使她惬意。

渐渐地，她对事业的热爱，早已超越她对诗意生活的向往。

早在留美期间，她和思成就确立了以中国建筑发展史为主的研究方向。自此，他们正式开启了这项工作。

但是，这项工作的开启，是极其艰难的。

彼时的中国，建筑历来被认为是一门手艺，所有的传承皆由工匠师徒口口相传，几千年的历史中，有资料可循的书不过就两部，一部是宋代李诫的《营造法式》，另一部是清代的《工程做法》。让人苦恼的是，由于年代久远，这两部书写得并不好懂，尤其是《营造法式》一书，其许多建筑术语真是让人不知所云。

所以，有太多的工作需要他们一点一点去突破、去实践。

对思成来说，这样的工作强度不算太大。但是，于大病初愈的徽因而言，这确实是一项特别艰巨的工作。

不过，坚忍的徽因，仍是将它们一一克服，并且乐在其中。

热爱建筑事业，让她觉得岁月可亲，时光璀璨。

这样的她，亦是魅力满满的。

此际，志摩仍会来。

同来的，还有清华大学哲学系的教授金岳霖。

自从他在好友志摩的引荐下，敲开了北总布胡同三号院的大门，他即被志摩为之如痴如醉、幼仪所谓"思想更复杂、长相更漂亮、双脚完全自由的女士"——林徽因所吸引。

一番接触下来，徽因的秀外慧中、多才多艺，更是让他深陷其中不能自拔。

不久，他即决定搬到北总布胡同十二号院，做了徽因和思成的邻居。就此，他开始了自己二十余年"逐林而居"的生活。

徽因的好友、著名汉学家费正清的妻子费慰梅曾这样写道：

徐志摩的朋友、大家都叫他"老金"的哲学家金岳霖，实际上是梁家一个后加入的成员，就住在隔壁一座小房子里。

"逐林而居"的金岳霖，从此成了徽因人生中绕不开的男子。

金岳霖生于1895年，乃高门大户之才子。

祖父金聘之是旧朝三品官员，后任职于湖南，跟随张之洞办起洋务运动，曾先后任湖南省铁路总办，黑龙江漠河金矿总办。

1914年9月，金岳霖从清华学校毕业，官费留学入宾夕法尼亚大学读商业科，如此说来，他和徽因、思成还是校友呢。只不过，他比他们早毕业了十年而已。在美国，他们的生活亦没有任何交集。

但是，志摩和他是挚友。

他曾见证志摩的两段感情，志摩和幼仪离婚的时候，他在场；志摩和小曼结婚的时候，他也在场。自然，志摩纠缠在爱恋徽因的旋涡之中不能自拔的时候，他也在。所以，在未见徽因之前，他早就耳闻徽因的种种了。

于他，或许这也是跟徽因某种宿命般的缘分吧！

金岳霖这个人是极聪慧的。

金岳霖

初上北平时，他还是留着小辫子的"清朝人"，待留学归来，他已是将英文说得纯熟的新青年。

他亦是又怪又可爱至极的人。

旅居海外多年，他曾是生活在西方的人，喝浓咖啡，吃西式餐食，穿西装、夹克，皮鞋总是擦得锃亮，不见一丝灰尘。

最重要的是，他还有过非常前卫的西式爱情。

他曾有一位美国女友，名 Taylor。因 Taylor 不想结婚，只想体验中国式家庭生活，于是，他们一起归国同居。尽管，他们同居时遮遮掩掩，后来 Taylor 也离开了，但是，他们爱过是事实。尘世之中，金岳霖如此新潮地经历过一场情爱。而这情爱，于彼时也是惊世骇俗的。

认识徽因之时，他早已恢复单身。

认识徽因之后，他让自己的过往成为尘烟，随风全飘散了。

二

人生若得一知己，可以不恨。

于徽因而言，人生之中有金岳霖这一知己，即是如此。

起初，他们之间是有着"情投意合"的。

1932年，忽然有一天，徽因对刚刚从外地回来的思成说道："我苦恼极了，因为我同时爱上了两个人，不知道怎么办才好？"

听完这句话，思成瞬间沉默了。

他知晓徽因说的爱上的人，是与他们朝夕相处的金岳霖。

一个是爱妻，一个是挚友，这着实让思成辗转反侧了一宿。次日，他对徽因说道："你是自由的，如果你选择了老金，我祝你们幸福。"

自然，思成是深爱徽因的。正因为爱，他尊重徽因的任何选择。因为爱，只要徽因能够快乐，他如何都没有关系。他最不希望的，是自己成为徽因的枷锁。

这样的思成，让徽因至为心暖，安全感十足。

本来，她就是不会和思成离婚的。

即便，她真的对金岳霖动了心，也断不会转身投入金岳霖的怀抱，因为，在她内心，家始终是最重要的，她亦曾说过，"我爱我现在的家在一切之上的确证"。

她之所以会对思成说，只为将折磨自己许久的难题巧妙地"分享"给思成而已。

浪漫体质的她，只想在自己如水平静的生活中激起一些浪漫的小浪花而已。

坦诚地说出来，是为了不让他们之间的关系陷入尴尬的境地。毕竟，人言可畏，流言蜚语是可以杀死人的。

在"太太客厅"里,知识分子们交往得非常愉快,也颇有收获

她要自己的感情世界永远是一片风清月朗,不掺杂一丝浑浊。

故而,隔天她就将思成对自己说的话,转述给了金岳霖。

金岳霖一听,当即惭愧道:"思成是真正爱你的,我不能去伤害一个真正爱你的人,我应该退出。"

就此,他们三人一生是好友。

这样的徽因,真的是一个情场高手。

一个人人觉得棘手的三角恋危机,就这样被她巧妙地解决掉了。

不仅如此,她还收获了一个终生的知己。理性的金岳霖,一生都用最高的理智来仰慕着、守护着她。

徽因居住在哪里,他就默默地陪伴到哪里,一辈子都与徽因比邻而居。他自己亦说:"一离开梁家,就像丢了魂似的。"

不仅如此,每逢徽因和思成吵架,他还会被邀请做裁判,裁决是非对错。

金岳霖与林徽因一家及友人

徽因和思成的两个孩子,亦都叫他"金爸",很多时候都是他接送孩子们上学。

徽因体弱,颠沛流离更是使她常年缠绵病榻,思成公务繁多,很多时候都是他担起照顾徽因的担子,端茶送药,照顾小孩。

许多时日里,只要有他在,徽因便心安。

对于这样的金岳霖,豁达的思成没生过一丝芥蒂,始终以一种君子坦荡荡的态度和他相处。因为他清楚,教哲学的金岳霖自有自己的理性和冷静。

确实,良善的金岳霖,给他们的生活带来了很多美好和欢乐。

据说,某一日,金岳霖正在屋里看书,忽然听到外面有人喊他的名字。他忙出门,什么人也没有看到,正想着谁在搞恶作剧时,"老金,老金"的声音又传来。循声抬头,发现是徽因和思成二人。此刻二人正站在前院正房的屋顶上,孩童似的对着他嬉笑呢。

他知道,这是徽因和思成为外出考察做准备,练习攀缘、上房呢。

然而，此刻他心里全是担忧，毕竟这房子年久失修，很不牢固。于是，他忙不迭地对他们嚷道："你们给我赶快下来。"

若父、若兄，于徽因和思成而言，很多时候他都是这样的存在。

因为爱，金岳霖虽然选择退出，但内心始终执着于一份对徽因的爱意，并因此终生未娶。

话说，徽因去世后，思成另娶了学生林洙，唯金岳霖还将她紧紧放在心口。

据说，某天他突然约一帮老友到北京饭店相聚，并不说为何宴请，而当一帮老友把酒言欢时，他突然站起身来，说："今天是徽因的生日。"

说完，动容不已，一帮老友皆被他的痴情感动得潸然泪下。

这样的他，真可谓这世间最痴情的人了。

他对徽因的爱，天地可鉴，无人可及。

当徽因去世，当他不能再陪伴她左右时，孤独的他便只能守着往昔回忆度日。晚年时，他更是和徽因的孩子们住在一起，好以此来回忆、温习徽因的种种。徽因的孩子们，自是明白他的用情至深，一直都深情地唤他为"金爸"。他们深知，这位将一生最真、最深的爱给了母亲的学者，值得他们永远尊敬和爱戴。

徽因生之岁月里，有如此金岳霖，不禁让人感慨：

"人生，得一知己足矣！"

伤逝

一

徽因怎么也没料到，在自己的有生之年会经历那么悲痛的一天。

1931年，11月10日，志摩和徽因应邀参加欢迎新西兰女作家凯瑟琳·曼斯菲尔德[①]姐夫柏雷博士的茶会，茶会后，两人各自离开。志摩因第二天要起飞，便又去梁家，可惜思成和徽因另有约会刚出去。

扑了空的志摩，只好留了张字条给徽因。

徽因回家后，用人就告诉她志摩来过，因为她和思成都不在家，喝了一壶茶就走了。说着，将志摩留下的字条给徽因看。

字条中，清晰地写着："定明早六时飞行，此去存亡不卜……"

看后，徽因竟莫名有种不好的预感，于是，慌忙致电志摩。电话

[①] 曼斯菲尔德（1888—1932），徐志摩将她译作"曼殊斐儿"，新西兰文学奠基人，徐志摩生平最爱慕的女作家。

通了，志摩安慰着徽因，但徽因仍觉有莫名的不安在心头，最后，她便提及自己将于19日晚在北平协和小礼堂举行一次演讲，希望志摩能来听。

志摩听话，满口答应着。

只是，谁能料到，这一通电话竟成了二人最后的对话。

在北平任教于北京大学的志摩，经常要从上海飞回北京教书、处理公事。这往返费用，使他原本困窘的财务更加窘迫。为此，志摩一直想劝小曼和自己一起到北平居住。这次回上海，他也是想着劝小曼来北平的。

谁知一进门，他就和小曼大吵了一架。

在卧榻上正吸食鸦片的小曼，一点也不示弱，更是用一支烟枪狠狠地砸向了他。烟枪碰到他的眼镜，眼镜落地摔碎了，一地碎玻璃碴子，志摩的心也跟着碎了一地。志摩彻底对小曼失望了，压抑、悲痛，占满了他的心。

本来，他在进门的当儿，还满心想着小曼一定可以改掉现有的恶习，回到往昔，重新浸润于字帖、宣纸、笔墨之间。

然而，一切事与愿违。

一切，不过是他的自作多情罢了。

小曼，再不是往昔的小曼了，她我行我素地沉迷在恶习的旋涡之中。

这一次，他的心彻底凉了。

于是，他愤然离开了家。

离家的他,去了刘海粟的家,后来,又去了罗隆基的家,再后来,他的学生何家槐来看望他,还和他天南地北地聊了一天。

即便如此,他还是觉得心里空落落的。

他想,他需要回北平,那里有能让他心安的徽因。

于是,17日,他决定回北平。

18日,他已抵达南京。恰当日,北平戒严,列车通行不便,于是,他决定坐飞机飞往北平。他想起来正好有一张前些日子友人保君健送给他的免费机票。

一番机缘巧合下,19日,他坐上了中国航空公司的"济南号"。

一切,仿佛宿命的安排。

是日,10点10分,飞机抵达徐州加油时,窗外还是晴空万里,谁能想到,飞到山东党家庄一带时忽遇大雾。飞机进退不得,不幸触到山顶坠落下来。机上两名飞行员加唯一的乘客徐志摩,全部遇难身亡。

而彼时,徽因正在协和小礼堂里焦急地等着志摩的到来。

可是,演讲开始了,他还没到。

时间一分一秒地流过,过了一个小时,他仍旧没到。

演讲中的徽因,有了深深的不安,但仍进行着自己的演讲,直到最后,她朗诵了一首他写的散文诗——《常州天宁寺闻礼忏声》:

……在天地的尽头,在金漆的殿椽间,在佛像的眉宇间,在我的衣袖里,在耳鬓边,在官感里,在心灵里,在梦里……

演讲总算结束了。然而,她等来的却是志摩飞机失事的残忍消息。

志摩亡。

徽因,悲痛欲绝。

二

只刹那,便生死相隔。

人,真渺小,世事真无常!

是年,徽因在 12 月 7 日北平《晨报》上发表了《悼志摩》一文:

十一月十九日我们的好朋友,许多人都爱戴的新诗人,徐志摩突兀的,不可信的,残酷的,在飞机上遇险而死去。这消息在二十日的早上像一根针刺触到许多朋友的心上,顿使那一早的天墨一般地昏黑,哀恸的咽哽锁住每一个人的嗓子。

…………

她的痛惜之情,无以言表。

他已离去,再无相见之期。

让人更痛惜的是,陆小曼拒绝认领徐志摩的遗体。

不得已,她和思成二人在北平为他布置了一个追悼会场。追悼会上,与会者有二百五十余人,所有人都沉浸在难以忍受的悲痛之中。

斯人离去,一切成绝唱。

轻轻的我走了,
正如我轻轻的来;
我轻轻的招手,
作别西天的云彩。

那河畔的金柳,
是夕阳中的新娘;
波光里的艳影,
在我的心头荡漾。

软泥上的青荇,
油油的在水底招摇;
在康河的柔波里,
我甘心做一条水草!

那榆荫下的一潭,
不是清泉,是天上虹;
揉碎在浮藻间,
沉淀着彩虹似的梦。

寻梦?撑一支长篙,
向青草更青处漫溯,
满载一船星辉,

在星辉斑斓里放歌。

但我不能放歌,
悄悄是别离的笙箫;
夏虫也为我沉默,
沉默是今晚的康桥!

悄悄的我走了,
正如我悄悄的来;
我挥一挥衣袖,
不带走一片云彩。

　　这首《再别康桥》是志摩几年前写下的诗歌,没想到竟一语成谶。他真的如诗中所写:"悄悄的我走了,正如我悄悄的来;我挥一挥衣袖,不带走一片云彩。"

　　想他独行一世,以爱为食,热烈地追求爱之圆满,终了,却成了人群里最孤寂、最寥落的那一个。

　　宿命的事,有时真的无法解释。

　　当年,舆论中有许多人认为志摩是因她而死,若非为了赶赴她那场礼堂演讲,诗人不会这样迫切地选择那日归赴北平。

　　斯人已离去,谁能断言就是如此呢!

　　于她,是真觉得自己亏欠了志摩,年轻时曾辜负了他对自己的一往情深，而这一次的意外因由，更让她心生不安。

故而，她央着思成赶去现场取回了一块失事飞机的残骸，并将这块残骸包起来放在了家中。

这是她对志摩怀念的方式。

不过，这样的情义表达，招来了许多人的不理解。

然而，她真正做到了无视。

世间事，已然如此无常，为何还要活在别人的言论里、眼光里。爱就是爱，怀念就是怀念，何必藏着掖着，更何况她还拥有一个始终认同她的丈夫。

经历过生离死别，她早已将自己的心智磨砺得成熟、淡然。

正如她所说的：死不一定比生苦。

这种对生者宽慰、对死者祝福的超然认知，若不似她这般洞悉世事，是绝对领悟不到的。

三

志摩遇难后的第二年夏天，徽因的肺病复发了。

不得已，她又要到香山养病。在香山的日子，依旧清静闲逸，好友亦常来常往，然而她的心境却不一样了。

尘世之中，志摩已经不在。过往，数志摩来得次数最多，带给她的欢喜亦多。曾经，志摩和她一起煮茗夜话，谈文学、谈人生、谈生活、谈情感,给予她这世间最美的诗情、最深的欢喜,而如今无论谁来,她的欢喜亦不是当初那种欢喜了。

说来,在徽因的一生中,志摩给予她的影响实在太深刻了。

她曾说过,志摩给了她人格上、知识上的磨炼和修养,让她始终保有一份诗意和优雅,丰盈着自己美好的情怀。

所以,在无数个夜阑人静的时刻,她无数次为志摩的亡故而落泪。
《莲灯》,应是那时她因思念志摩而作的。

> 如果我的心是一朵莲花,
> 正中擎出一枝点亮的蜡,
> 荧荧虽则单是那一剪光,
> 我也要它骄傲的捧出辉煌。
> 不怕它只是我个人的莲灯,
> 照不见前后崎岖的人生——
> 浮沉它依附着人海的浪涛
> 明暗自成了它内心的秘奥。
> 单是那光一闪花一朵——
> 像一叶轻舸驶出了江河——
> 宛转它飘随命运的波涌,
> 等候那阵阵风向远处推送。
> 算做一次过客在宇宙里,
> 认识这玲珑的生从容的死,

> 这飘忽的途程也就是个——
> 也就是个美丽美丽的梦。

"玲珑的生从容的死",不过是个美丽的梦。

她幡然领悟了这人生的无常,亦知再疼痛、伤心也于事无补,就如她当初为了一份现世的安稳而清醒地转身离开他一样,所有皆是过往,如梦一场,再伤怀也不过是徒劳。

事实已如此,历史不能更改,日子却总是要照常地过。

有些人、有些爱,真是要不起,一时如此,一生亦如此。

她的生之岁月,永要不起志摩这份爱,而志摩亦永给不了她要的细水长流。

所幸,她虽看似柔弱,内心却无与伦比地冷静和坚强。因而,她不会让自己永远沦陷在伤悲里。

六

保持热爱,奔赴山海

人生几度花与月,
长的是寂寞,
短的是欢颜。
她倾注万千热爱,
活在当下。
午夜听花语,
她将建筑事业视为一生所爱。

建筑

一

坚忍的徽因,虽对志摩的离世不能释怀,但并未一味地沉溺在悲伤里,而是将身心都投入自己热爱的事业当中去。

1932年3月,阳光静美,她的第一篇建筑学研究论文《论中国建筑的几个特征》发表了,刊登在《中国营造学社汇刊》上。这虽是她的第一篇建筑学学术论文,却很清晰地对中国建筑艺术进行了纲领性的总结。

她写这篇论文时,恰在怀孕期间,备受妊娠反应的折磨。

但整篇论文,可谓酣畅淋漓,一气呵成。

这中间除她的才华和灵气之外,更多的是她对建筑事业的长期耕耘积累吧!

她和思成在学术研究中不仅注重理论研究,还注重科学实证。

在徽因发表《论中国建筑的几个特征》之际,思成的《清式营造则例》《营造算例》也脱稿了。

此即是他们系统全面地研究中国古代建筑的前奏。

接下来,他们计划去实地考察中国现存的明清以前的古建筑。

1932年8月,她和思成迎来了第二个孩子。

小小孩童嘹亮的啼哭声,给全家带来了极大的喜悦。她和思成,为他起名为"从诫",一是为纪念《营造法式》的作者李诫;二是希望他将来可以继承父业,成为出色的建筑学家。而彼时,梁再冰已经三岁多了。

生活幸福的模样,是如此清晰。

徽因亦因此心中涌动着万千爱意,如四月的春风。两年后,她将这爱意化为诗句,写下了《你是人间的四月天——一句爱的赞颂》。

> 我说你是人间的四月天;
> 笑响点亮了四面风;轻灵
> 在春的光艳中交舞着变。
>
> 你是四月早天里的云烟,
> 黄昏吹着风的软,星子在
> 无意中闪,细雨点洒在花前。
>
> 那轻,那娉婷,你是,鲜妍
> 百花的冠冕你戴着,你是
> 天真,庄严,你是夜夜的月圆。

> 雪化后那片鹅黄,你像;新鲜
> 初放芽的绿,你是;柔嫩喜悦,
> 水光浮动着你梦期待中白莲。
>
> 你是一树一树的花开,是燕
> 在梁间呢喃,——你是爱,是暖,
> 是希望,你是人间的四月天!

彼时,她已是文坛知名的女诗人、女作家了。更有人将她称为"新月诗人"。

其实,她不仅写诗,也创作小说、散文。

她创作的小说如《窘》《九十九度中》及"模影零篇"系列小说等,她创作的散文如《蛛丝和梅花》《窗子以外》《唯其是脆嫩》《纪念志摩去世四周年》等,皆在光阴里成为经典。在文坛,她亦始终占有一席之地,颇负盛名。

不过,诗词、小说、散文等的创作,不是她毕生的追求,让她至死不渝始终热爱着的,还是建筑事业。

自从选了建筑师作为终身职业,她对建筑的追求和热爱就不曾减少过一丝一毫。

1932 年,思成和营造学社的同事们,分别于 4 月和 6 月两次外出进行了野外建筑考察。而她,因为怀有身孕没能跟随参加,心中自是遗憾万分。当思成归来时，她看着思成拍摄的照片，更是感慨万千，期盼着尽早同思成一起外出，亲眼看到那些藏在荒野中的珍宝。

不过，虽去不成，整理思成的考察资料于她亦是满足的。

不久，她和思成终于成行，一起去北平的郊区考察。

首站，是北平西山北部的寿安山南麓。

此地，有一座卧佛寺。

始建于唐贞观年间的卧佛寺，初名"兜率寺"。元延祐七年（1320年）扩建，到至顺二年（1331年）完工，时称"昭孝寺"，后又改为"洪庆寺"。因寺院内有一尊巨大的铜铸卧佛，而得俗名"卧佛寺"。

明清时期，卧佛寺都重修过。

因此，得以保存至徽因和思成所生活的时代。

过去，徽因和思成常到卧佛寺来，但这一次不同。

作为游客，她没研究过它的建筑格局如何，而今再看，惊觉它是这样一座甚为独特的建筑。她在这次考察后所作的《平郊建筑杂录》中写道：

> 这些美的存在，在建筑审美者的眼里，都能引起特异的感觉，在"诗意"和"画意"之外，还使他感到一种"建筑意"的愉快。这也许是个狂妄的说法——但是，什么叫做"建筑意"？我们很可以找出一个比较近理的定义或解释来。

在徽因的眼里，卧佛寺的建筑美学，与她在欧洲考察过的一些宗教建筑有着异曲同工之美,这让她既激动又惊喜万分。

此行,意义非凡。

就此,她更加坚定了踏上建筑考察路途的决心。

二

那一日,从卧佛寺出来,她和思成又驱车去了香山之南的法海寺。

法海寺较为袖珍,寺建在山坡之上,寺门离山坡之下不过一里多远,却少有经过的路人发现。

始建于明正统四年(1439年)的法海寺,为御用太监李童集资兴建而成。数百年来,虽历经修缮,但仍具明代早期的建筑特点:护法

外出考察的林徽因

金刚殿、旋子彩画、天王殿遗址、伽蓝、祖师二堂、黄瓦庑殿顶、明代巨幅神像壁画……

细探究，徽因惊觉这座不大的古建筑，是个宝藏。

所以，她在《平郊建筑杂录》中写道：

因为这寺门的形式是与寻常的极不相同；有圆拱门洞的城楼模样，上边却顶着一座喇嘛式的塔——一个缩小的北海白塔。这奇特的形式，不是中国建筑里所常见。

这圆拱门洞是石砌的。东面门额上题着"敕赐法海禅寺"，旁边陪着一行"顺治十七年夏月吉日"的小字。西面额上题着三种文字，其中看得懂的中文是"唵巴得摩乌室尼渴华麻列吽登吒"，其他两种或是满蒙各占其一个。走路到这门下，疲乏之余，读完这一行题字也就觉得轻松许多！

林徽因工作照

门洞里还有隐约的画壁，顶上一部分居然还勉强剩出一点颜色来。由门洞西望，不远便是一座石桥，微拱的架过一道山沟，接着一条山道直通到山坡上寺的本身。

他们继续走，大约三四里路程后，又发现了两座独特的小石亭。石亭面朝一个叫杏子口的山口，远眺可见满坡的杏树挂满了果实，极美。两座小石亭，远远望去，犹如两座石龛，对面山坡也有一座北向的相似的石龛。三座石龛，分峙两崖，别有一番趣味。

于是，徽因与思成下了车，爬上了那山坡。

近看，石龛不过是几块青石垒成的，然而，徽因很喜欢。

她席地而坐，细细地、认真地将这三座石龛绘制出来，然后，坐到北崖石龛门口大声喊思成来拍照。

这一路，她收获颇丰，高兴得像个孩子。

关于这三座石龛，她亦在《平郊建筑杂录》中，以不短的篇幅来书写：

杏子口的三个石佛龛

由八大处向香山走，出来不过三四里，马路便由一处山口里开过。在山口路转第一个大弯，向下直趋的地方，马路旁边，微偻的山坡上，有两座小小的石亭。其实也无所谓石亭，简直就是两座小石佛龛。两座石龛的大小稍稍不同，而他们的背面却同是不客气地向着马路。因为他们的前面全是向南，朝着另一个山口——那原来的杏子口。

在没有马路的时代，这地方才不愧称作山口。在深入三四十尺的山沟中，一道唯一的蜿蜒险狭的出路；两旁对峙着两堆山，一出口则豁然开朗一片平原田壤，海似的平铺着，远处浮出同孤岛一般的玉泉山，托住山塔。这杏子口的确有小规模的"一夫当关，万夫莫敌"的特异形势。两石佛龛既据住北坡的顶上，对面南坡上也立着一座北向的，相似的石龛，朝着这山口。由石峡底下的杏子口往上看，这三座石龛分峙两崖，虽然很小，却顶着一种超然的庄严，镶在碧澄澄的天空里，给辛苦的行人一种神异的快感和美感。

现时的马路是在北坡两龛背后绕着过去，直趋下山。因其逼近两龛，所以驰车过此地的人，绝对要看到这两个特别的石亭子的。但是同时因为这山路危趋的形势，无论是由香山西行，还是从八大处东去，谁都不愿冒险停住快驶的汽车去细看这么几个石佛龛子。于是多数的过路车客，全都遏制住好奇爱古的心，冲过去便算了。

假若作者是个细看过这石龛的人，那是因为他是例外，遏止不住他的好奇爱古的心，在冲过便算了不知多少次以后发誓要停下来看一次的。那一次也就不算过路，却是带着照相机去专程拜谒；且将车驶过那危险的山路停下，又步行到龛前后去瞻仰丰采的。

在龛前，高高地往下望着那刻着几百年车辙的杏子口石路，看一个小泥人大小的农人挑着担过去，又一个带朵鬓花的老婆子，夹着黄色包袱，弯着背慢慢地踱过来，才能明白这三座石龛本来的使命。如果这石龛能够说话，他们或不能告诉得他们所看过经过杏子口底下的图画——那时一串骆驼正在一个跟着一个的，穿出杏子口转下一个斜坡。

北坡上这两座佛龛是并立在一个小台基上，它们的结构都是由几片青石片合成——每面墙是一整片，南面有门洞，屋顶每层檐一片。

西边那座龛较大，平面约一米余见方，高约二米。重檐，上层檐四角微微翘起，值得注意。东面墙上有历代的刻字，跑着的马、人脸的正面等等。其中有几个年月人名，较古的有"承安五年四月廿三日到此"，和"至元九年六月十五日□□□贾智记"。承安是金章宗年号，五年是公元一二〇〇年。至元九年是元世祖的年号，元顺帝的至元到六年就改元了，所以是公元一二七二。这小小的佛龛，至迟也是金元遗物，居然在杏子口受了七百多年以上的风雨，依然存在。当时巍然顶在杏子口北崖上的神气，现在被煞风景的马路贬到盘坐路旁的谦抑；但它们的老资格却并不因此减损，那种倚老卖老的倔强，差不多是傲慢冥顽了。西面墙上有古拙的画——佛像和马——那佛像的样子，骤看竟像美洲土人的 Totem-Pole。

龛内有一尊无头跌坐的佛像，虽像身已裂，但是流丽的衣褶纹，还有"南宋期"的遗风。

台基上东边的一座较小，只有单檐，墙上也没字画。龛内有小小无头像一躯，大概是清代补作的。这两座都有苍绿的颜色。

台基前面有宽二米长四米余的月台，上面的面积勉强可以叩拜佛像。

南崖上只有一座佛龛，大小与北崖上小的那座一样。三面做墙的石片，已成纯厚的深黄色，像纯美的烟叶，西面刻着双钩的"南"字，南面"无"字，东面"佛"字，都是径约八分米。北面开门，里面的佛像已经失了。

这三座小龛，虽不能说是真正的建筑遗物，也可以说是与建筑有关的小品。不止诗意画意都很充足，"建筑意"更是丰富，实在值得停车一览。至于走下山坡到原来的杏子口里往上真真瞻仰这三龛本来庄严峻立的形势，更是值得。

关于北平掌故的书里，还未曾发现有关于这三座石佛龛的记载。好在对于他们年代的审定，因有墙上的刻字，已没有什么难题。所可惜的是他们渺茫的历史无从参考出来，为我们的研究增些趣味。

（原文刊载于《中国营造学社汇刊》第三卷第四期）

当年，徽因除了完成这篇《平郊建筑杂录》建筑学论文，还为燕京大学设计了地质馆；另外，还和思成一起设计了燕京大学灰楼女生宿舍。

于她热爱的建筑事业上，她已翩跹而飞。

吾爱

一

看尽光影繁华，徽因也是一个甘于付出的素然女子。

且看她，为自己挚爱的建筑事业，她耐得住学术研究的寂寞，也耐得住学术研究的艰苦。在和思成一起踏入乡野寻找古建筑时，她虽穿旗袍，却可像男子一样爬高爬低。很多年久失修的，潜伏着各种臭虫、蝙蝠的古建筑里，都留下了她记录、测绘、拍照的身影。

因为热爱，所以甘愿。

她这一生的眷爱，就全在这"建筑"上了。

为了做好实地考察，他们不仅要了解所去之地的历史、地理和宗教等，还要查阅一些有记载的相关建筑文字，如此，才能制订好考察计划。除此之外，还要取得当地政府的支持。毕竟，他们要去考察的地方多是穷乡僻壤，如果擅自去考察，说不定会被当地人阻拦，甚至威胁到性命。

当然，物质方面也要做好充分准备。

不过，营造学社毕竟是私人机构，用于考察的资金亦有限。

因此，他们的外出就充满了各种艰辛。

1933年9月，她和思成，还有营造学社的同事刘敦桢、莫宗江一起，出发去往山西大同。

千里迢迢，他们一行人此去是为了考察云冈石窟。

可是，一下火车，几个人就傻眼了。

山西的天很蓝，白云飘飘，煞是美丽，然而，物质却是如此贫瘠。

他们几乎遍览大同城，都没能找到一处可以投宿的地方。街道上，除了厚厚一层的煤尘灰土，就是满目的败舍残墙，以及风中打转飞舞的垃圾。

此地，最主要的交通工具，竟然是毛驴。

徽因不由得感慨道："谁能想到呢？这里可是辽金时代的陪都呢！"

但是，眼前这些困难打不倒他们。

这些都是外物，停留在他们心里的除了建筑，再无其他。

他们准备回到大同的火车站，大不了，最坏的情形就是在火车站蹲坐一宿。一行人在尘土飞扬的街道上走着，颇有些浩浩荡荡的意味。

到了火车站，竟然神奇地遇到了一个故人，这个人就是梁思成在美国的同学李景熙。此时的李景熙正任大同车站站长一职。

他乡遇故知，就此解决了食宿问题。

李景熙将他们一行人接到了自己家，还给他们做了一顿热腾腾的晚餐。

饱餐一顿，上床休息，疲劳和担忧就此烟消云散。

不过，老友适合相聚，老是给人家添麻烦就不合适了。于是，第二天，徽因和思成就去求助市政府，经市政府出面，他们被安排在一家酒楼，解决每日三餐。

就此，他们的大同考察得以正式展开。

云冈石窟始建于北魏时期，历时五十年，动用了四万余人才建造而成。

依山而凿，位于武周山南麓的云冈石窟，气势甚是恢宏，现存主要洞窟有四十五个，大小窟龛二百五十二个，石雕造像五万一千余尊，是中国规模最大的古代石窟群之一，更是中国早期佛教艺术的壮观遗迹。

《水经注》中曾有记载："凿石开山，因岩结构，真容巨壮，世法所希，山堂水殿，烟寺相望……"

在徽因和思成的眼中，这是无价瑰宝。

所以，排除万难，他们也要对它做一次系统的考察研究。

可是，此地偏僻、荒凉，没有饭店，更没有旅馆。

他们再一次遭遇到要露宿荒野的境地，无奈之下，只好求助好心的当地农民，如同化缘一般，一户农民答应借给他们一处房子。

可惜，处境依然悲催。

这处没有门窗、没有一件物什的房子屋顶破漏，四处漏风。

不过，总比露宿荒野好太多了。

于是，他们摊开行李，麻利地住下了。

住宿差，天气更差。

此地昼夜温差极大，中午热得要穿短袖单衣，晚上则冷得盖被子都要缩成一团。

吃饭，就别提了。每天跟当地人搭伙，煮土豆、熬玉米糊糊，能吃到咸菜就是最奢侈的，更别提青菜、肉类了。

条件如此艰苦，他们却热情高涨。

毕竟，研究云冈石窟，于他们而言就是一次圆梦。

关于这次考察，徽因以充满诗意的语言对之进行了描绘：

……旬日来眼看去的都是图画，日子都是可以歌唱的古事。黑夜里在山场里看河南来到山西的匠人，围着一个大红炉子打铁，火花和铿锵的声响，散到四周黑影里去。微月中步行寻到田陇废庙，划一根"取灯"偷偷照看那瞭望观音的脸，一片平静，几百年来，没有动过感情的，在那一闪光底下，倒像挂上一缕笑意。

我们因为探访古迹走了许多路；在种种情形之下感慨到古今兴废。在草丛里读碑碣，在砖堆中间偶然碰到菩萨的一只手一个微笑，都是可以激动起一些不平常的感觉来的……由北平城里来的我们，东看看，西走走，夕阳背在背上，真和掉在另一个世界里一样！……

熬了数日，克服了种种困难，他们终于完成了这次考察。他们将这次考察结论成文,即《云冈石窟中表现的北魏建筑》。

10月回来,徽因更有散文《闲谈关于古代建筑的一点消息》发表。

11月,她又与思成、莫宗江一起到河北的正定考察古建筑。

以弱女子之身,似男人一般跋山涉水做最艰苦的考察工作,她竟做得如此乐此不疲,不叫苦亦不叫累,更不曾掉队。

这样的徽因,绝不只是貌美如花的柔弱女子,实则是一个心有热爱、坚强的女子。

诗情画意之外,自有一片自己呼风唤雨的天地!

这一年,徽因二十九岁,依然貌美,更见成熟风华!

二

彼时,徽因和思成研究的古代建筑,已是一道风景线。

1934年,思成脱稿两年之久的《清式营造则例》正式出版。该书的"绪论"由徽因撰写。

之后不久,徽因和思成又一起去往山西汾阳。

这次出行,还有好友费正清夫妇、汉莫一起。

原本,他们是计划去北戴河度假的。但是,费正清夫妇来告诉他们,美国传教士朋友汉莫在汾阳城外买了一座别墅,问他们要不要一起同往。恰在这时,思成想到洪洞考察古建筑,而汾阳距洪洞很近。

就此,他们改了主意,一同前往汾阳。

汉莫的别墅,在汾阳城外的峪道河边,此处有一条"马跑神泉",

沿溪还有废弃的数十家磨坊。山青水碧，气候宜人，逐水而居，别有一番情趣。因此，这里吸引了许多外国传教士，他们买来磨坊将其改装成度假的别墅。

汉莫，就是其中之一。

在汾阳，他们游玩了几天。

之后，他们出发去了洪洞。

适逢同蒲铁路炸山兴筑，公路多段被毁。为前行，他们只好租了当地的三辆驴车。

于费正清夫妇而言，坐着这样的车，虽一路风餐露宿，却是异常兴奋的。因为是第一次坐这样的出行工具，他们一路充满好奇。但于徽因而言，这样的出行并不友好，她身子弱，一路颠簸，对她的健康实属消耗。

不过，她并不以为意，只要能将身心都付诸热爱的建筑事业，她心生欢喜。

他们一路走，一路看。

开元古碑、铁瓦寺、千佛崖、州署大堂等古迹中，皆留下了他们探索的身影。

终于到了洪洞，一路奔波的劳累，他们全都忘了。

一刻都没有停留，他们一行人浩浩荡荡地去拜谒洪洞大槐树。明洪武年间，由晋向冀、鲁、豫、苏、皖等地迁徙的移民在这里聚散。这里处处有着历史痕迹，藏着太多的过往，每抚摸一处，都似在触摸一段故事。

工作中的林徽因

这让他们激动不已。

第二天,他们一行人一大早又奔赴广胜寺。

广胜寺,亦是徽因和思成此行最重要的目的地。

位于洪洞县东北霍山南麓的广胜寺,分上下两寺和水神庙三处,始建于东汉建和元年(147年),曾经在唐、宋、元时期重修过,后又在明、清两代修葺过,故而保存尚完好。

作为元代建筑,广胜寺是别致的,构造是奇特的,下寺前殿五开间,悬山式,殿内仅两根柱子支撑。

如此建筑,绝对令人叹为观止。

他们一行人,皆被此建筑惊艳到了。

拾级而上,他们继续攀登,要抵达霍山山巅,进入广胜寺的上寺。

上寺，更恢宏，更富元代建筑艺术特质，可谓元代建筑艺术的瑰宝。庑殿式的大殿，殿内两山施大爬梁，结构奇特，是元代建筑的杰作。琉璃镶嵌的塔院，更是惊艳的存在，飞虹塔耸立在山门内，八角形态，有十三级，且各层皆有出檐，并有黄、绿、蓝三彩琉璃瓦披挂。

如此建筑，使得费正清夫妇不时发出惊呼。

于徽因和思成的心中，这样的建筑更是难得的存在。

他俩一到就开始忙着测绘、拍照。每一处、每一点的尺寸都测量，每一个细节都拍照。这还不够，他们还对细部进行了素描。所谓学者精神，就似他们这般吧。

严谨、认真，绝不放过一丝一毫的细节。

尤其是思成，车祸撞坏的腿跛了，脊椎也弯曲了，必须穿一件钢制背心才能支撑住。尽管如此，他仍和徽因一起攀爬，观察屋顶、椽架。

攀爬测绘中的徽因，是美的，一双俊目盯向建筑的时候如星辰闪烁，汗滴湿了衣衫，也遮掩不住她的优雅。无论是在古建筑的屋顶，还是在椽架斗拱旁，她都美成了一幅画。

离开洪洞，他们一行人又到了太原的晋祠。

古老的晋祠，建在悬瓮山下晋水的发源处，是为纪念周武王三子叔虞而建。自建成，就是个热闹的所在。游人如织，各式红男绿女络绎不绝。

吸引徽因和思成的，是圣母殿。

作为具有宋代结构和形制的古建筑，圣母殿是营造法式的一个绝好范本。

之后,他们又考察了莲花台、老君洞、文昌宫、难老泉,一大圈走下来,人甚是疲惫。尽管如此,他们的内心却是炽热的、澎湃的。

毕竟,是与心中所热爱的事物的一次难得的近距离接触。

之后,他们去到太原南郊的永祚寺,当地人也称其为双塔寺。建于明万历年间,为高僧福登奉敕所建。寺中两塔皆为砖塔,檐下镂以斗拱,檐上饰有琉璃脊兽,至为绚丽壮观。虽近闹市,却不喧闹,来的多是香客。

他们一路谈笑着攀上塔顶,将万家烟火收入眼底。

这样的视角,于费正清夫妇而言,是至为震撼的。

再几日,他们结束了这次的考察。

继而,四人一起启程回京。此行,于体弱的徽因和身患祸疾的思成而言,是伤了极大元气的,但是,其间的意趣很多,收获亦颇丰,是值得的。

更何况,他们此行与费正清夫妇建立了生死与共、同甘共苦的"革命友谊"。

人间烟火处,有知己相伴,有热爱可追寻,足矣!

甘苦

一

一度，世人对她有颇深的误解。

人们认为，她出身官宦之家，又和徐志摩、金岳霖闹绯闻，加之舆论下的"太太客厅"，便将她视为空有美貌的"交际花"了。

然而，彼时的她确实是名动京城的"交际花"，只是此"交际花"并非一般概念下的陈白露式的"交际花"。

当时，"交际花"可不是贬义词，而是特指名媛，要系出名门，要多才多艺，还要八面玲珑能够活跃在各式名人中间。

没有一定的才华，是绝对做不到的。

游历过欧美的她，接受过新文化的教育，绝对是当之无愧的才貌双全的名媛。

不过，最让人景仰的仍是她对所热爱的建筑事业的付出。

1934年10月，她和思成应浙江省建设厅的邀请，商议杭州六和塔的重修事宜。不久后，他们又一起去浙南宣平县考察元代的延福寺。

之后,他们又一路奔波去了浙南几个县,考察了一些古建筑,这才准备折返。

乘火车当日,二人惊觉这一天是 11 月 19 日,志摩的忌日。

不觉,悲从心生。

三年了,志摩已经离去,整整三年。

过往两年,这一天,徽因和思成总要专门在家里为志摩祭奠一下。而今,却只能把悲念放在心头了。

火车一路开来,竟开到了硖石。

硖石,是志摩的故乡,而他的遗体则安葬在了硖石的东山。此刻,夜黑如墨,徽因只能隔着车窗远眺。

> 火车擒住轨,在黑夜里奔,
> 过山、过水、过陈死人的坟;
> …………
> 就凭那精窄的两道,算是轨,
> 驮着这份重,梦一般的累坠。
> …………

这是志摩《火车擒住轨》中的诗句,竟如此一语成谶。

人生如梦,一切皆是梦吧!

一切的一切,皆成了过往,无从追忆,可日子,还是要奔腾下去。

车抵达站台,站在她身边的始终是思成,他会永远和她并肩而立,他是天、是地，亦是后盾。

1934年底，中央研究院拨款五千元给营造学社，为的是让营造学社测绘出故宫的全部建筑，然后出一本专著。

作为这项工程的负责人，思成总是冲到最前面，而徽因跟其在后。

1935年初，思成被任命为曲阜孔庙修缮、养护工程的首席顾问，后又被任命为北平文物保护委员会顾问。

就此，奔波着勘测北京各处文物建筑的思成和徽因，成了彼时京城最美丽的一道风景线。从故宫到北海、颐和园，再到天坛……他们的身影，无处不在，换言之，他们的工作亦是繁重、紧张的。

不过，他俩都乐在其中。

能在那些史诗般宏大的建筑群落中，或徜徉，或探索，或思考，于他们而言，是金山银山都不换的。

因为这些被历史的年轮轻碾过的古建筑，就是他们的生命。

那几年，欧洲、美国的建筑学同行从《中国营造学社汇刊》这一期刊上了解到中国建筑学者的工作，于是纷纷来京城与他们交流。美国普林斯顿大学艺术系主任乔治·劳利教授来了，后来美国著名城市规划学家克拉伦斯·斯坦因和夫人也来了。

他们对中国古建筑兴趣斐然，与徽因、思成也一见如故。

在交流中，思成受益匪浅，并将城市规划这一学科纳入自己后来的重要研究领域。

二

1935年，北总布胡同三号梁家的院落里，总是溢出丝丝异样的气氛。

这一年，徽因同父异母的小弟林恒到来。他从福建来，准备报考清华大学机械系。

徽因特别疼爱这个很小就失去父亲的小弟，可是，母亲何雪媛心底有芥蒂。思想素来守旧的她，无法放下宿怨来接纳这个英俊沉静的少年。每每回去，她总看到母亲一张郁郁不快的脸，小弟则一副心事重重的样子。

这让徽因内心波澜又起，为难、难过，淹没了她。但是，她仍打起十二分的精神，来百般劝慰母亲，来好好安抚小弟。

家和万事兴，始终是她最渴念的。

小时，流过的眼泪和受过的伤痛，亦始终是她绕不过的心结。

为此，她曾向好友费慰梅如此倾诉道：

……这搞得我筋疲力尽并深受伤害，到我临上床时真恨不得去死或从来没有出生在这么个家庭里过……我知道自己其实是个幸福而走运的人，但是早年的家庭战争已使我受到了永久的创伤，以致如果其中任何一点残痕重现，就会让我陷入过去的厄运之中。

不过，与她和思成的建筑事业相比，家事始终是被她放在后面的。

不久后，她和思成愈来愈强烈地感知到日本人的步步紧逼。

"九一八"事变后,东北沦陷,华北地区危在旦夕,皆让他们心生不安。他们因此有了一个共识,即在大破坏来临之前,完成华北一带的野外考察。

此时,已经有几所大学计划南迁。但是,营造学社的领头人朱启钤还无此意。权衡再三,思成毅然将营造学社的一些珍贵资料收藏并进行了转移。

危急之下,一些人也纷纷离开。

1935年秋季的时候,挚友费氏夫妇正好在华学业结束,他们选择返回美国。

分别在即,相聚总是难能可贵。常常,他们一起去郊外骑马、野餐,只是,时间一分一秒地飞逝,离别就到了眼前。

圣诞前夕,费正清和费慰梅回到了美国。

伤情,亦都是有的。费正清后来曾写道:

> 跟像梁氏夫妇那样的朋友告别,确实是极端痛苦而难忘的。我们彼此互相切磋琢磨,我们也竭尽全力彼此互相接济。菲莉斯(林徽因的英文名字)已成为我们两口子最亲密的朋友。我们的分手告别真是十分令人心碎。

而徽因,等他们夫妇一到美国,就写了思念的去信:

> ……在你们俩真正在(北总布胡同)三号进入我们的生活之前,我总是觉得若有所失,缺了点什么,有一种精神上的贫乏需要营养,而你们的"蓝色书信"充分地补足了这一点。……

1935年，正在清华大学哲学系任教的金岳霖、怀抱女儿梁再冰的林徽因、费家友人、费慰梅、费正清等人在北京天坛留影（从左至右）。美国人费慰梅是林徽因唯一的闺密。

说来，1935年真是一个风雨欲来的年份。

徽因最知己的朋友费氏夫妇离开了，当月还爆发了"一二·九"爱国学生运动。

北平各高校学生纷纷走上街头游行示威，要求政府抗日救亡。可是，很快遭到了军警的镇压，刺刀寒光下，学生的热血洒满了京城大地。许多人受了伤，许多人还遭到了逮捕。其中，梁、林两家的子侄辈也有人加入了这场大游行。

北总布胡同三号，因此成了这群激昂年轻人的会集地和避难所。

徽因得知小弟林恒也加入了这一游行，在军警的驱赶下他一直下落不明。

焦躁、不安，笼罩了她的心。

思成则一家医院一家医院地寻找着，却始终没有下落。

还好，彻夜未眠后，第二天，他们终于在城外找到了伤势严重的林恒。劫难总算过去。不过，于林恒而言却有一种别样的大彻大悟。伤势好了之后，他跟谁都没有商议，直接放弃了清华的学业，改报了航空学校。

有些事情，说来也是冥冥之中的注定。

不过，这是后话了。

话说，思成的小妹梁思懿也参加了这次大游行，并且作为燕京大学的学生领袖之一被列入了追捕的黑名单。

迫在眉睫，徽因于最后关头想到了对策。

她将小妹装扮成少奶奶的模样，亲自护送她踏上南下的火车。

幸而，有惊无险。

几日后，她和思成收到了小妹一封报平安的电报。

小妹离开后，徽因和思成又把远在广东的妹妹梁思庄接了过来。

梁家姊妹众多，除了在国外留学的，大都在北方生活。思庄的丈夫不幸病逝，她一个人在广东带着幼女生活，实在可怜。所以，梁家姐妹都希望思庄能在北方生活。这一重担，思成和徽因接了过来。如此，思庄带着女儿吴荔明和一个用人住进了北总布胡同三号。

彼时，大姐思顺于燕京大学就读的女儿也住在这里。时局动荡不安，学校已经不是可以静下心来读书的地方，能住在徽因、思成这里，大家也都心安些。

就此，北总布胡同三号，人丁兴旺，人来人往，好生热闹。

据说，人最多时，共支起十七张床铺来，黄包车师傅不得不到隔壁老金家借宿。

[图示：北总布胡同 林徽因和梁思成故居——梁思成工作室、"太太客厅"、卧室、林徽因工作室、储藏室、林恒居室、餐厅、厨房等、马樱花树、客房等、外婆及护士住处、厕所、过厅（现存）、孩子及亲戚住处、女仆住处、厨子及男仆住处；东、南]

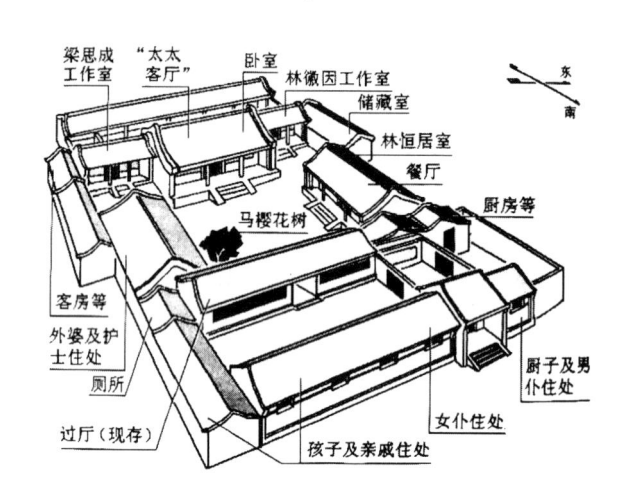

于徽因而言，如此一大家子人确实让她忙碌不已，然而，她却将家打理得井井有条。

说来，她这样的女子，才真是"上得厅堂、下得厨房"。

三

虽然徽因置身于纷杂琐事之中，但是没有失去自我。

不外出考察的日子，她依然沉浸于文学创作之中。

1936年，她三十二岁了。

此际，她已经发表了十余首诗，还有几篇散文、小说。其中，就有她的名诗《记忆》《静院》《八月的忧愁》，散文名篇《究竟怎么一回事》等。

创作，是她让心静下来的泉。

她沉醉其间，灵感迸发。

天气渐暖，她和思成及营造学社的成员们，又开始着手外出了。北方寒冷，每年的考察，他们都安排在春、夏、秋三个季节。

5月的时候，他们定下去洛阳的计划。

他们要会同此刻正在此处考察古建筑的刘敦桢、陈明达、赵正之等人，然后，一起去龙门石窟进行考察。

位于洛阳城南伊河畔的龙门石窟，始建于公元493年。彼时，北魏孝文帝迁都洛阳，后经北齐、北周、隋等朝代，龙门石窟初具规模。唐代时，龙门石窟已成为皇室、贵族造像活动的中心。

徽因他们去考察之际，龙门山崖尚存窟龛两千一百多个，造像约十万尊，碑刻题记三千余种……数量之多可谓中国石窟之首。

如此规模的石窟，把徽因震撼到了。

一如她说的：

我现在是坐在最大的露天石窟龙门下面，那九座最大的佛像，或坐姿或立姿，或静止或活动，都瞪着我（我也瞪着他们）……我被只有在这种盛大场面才会产生的恐惧感压倒了。

考察的条件，亦是艰苦的。

此时的龙门，地处荒郊，人迹罕至，还荆棘密布，蒿草更是比人高，得用雨伞不断拨开蒿草，才可辨得路。好在，收获满满。他们似过往一般各有分工，将洞窟、佛像拍了照，也记录下了佛像和窟龛的雕饰，并进行了编号，记录了建筑特征，更抄录下了铭刻和开凿年代。

只是，苦，真不堪言。

据说，他们第一天从龙门回到洛阳城内的旅馆，才真的被震住了。

只见，床单上落着一层沙土，他们抖落了之后，瞬间又是一层。待他们细细辨认后，惊觉这才不是什么沙土呢，而是密密麻麻的跳蚤。

这一夜，他们上演的是人蚤大战，留下的是满身的包和心有余悸。

当时，刘敦桢在日记中是这样写的：

寓室湫隘，蚤类猖獗，终夜不能交睫。

好在，他们一行在龙门只待了四天，就结束了考察。

离开龙门，徽因和思成又结伴去了开封。

在开封，他们考察了繁塔、铁塔、龙亭。之后又到了山东，考察了长清、泰安、济宁等十一个县的古建筑。

1935—1936 年，大修天坛祈年殿，徽因和思成登上了祈年殿进行测绘。

曾经，这里是帝王们祈求丰收的祭殿。

三层重檐的圆形大殿，殿堂由十二根檐柱、十二根内柱和四根中心"龙柱"组成，象征着十二时辰、十二个月、二十四节气和一年四季；宝顶涂金，瓦是深蓝色伞形琉璃瓦，造型单纯洗练。

站在祈年殿第三层屋檐上的林徽因，一边测绘，一边感慨着：世上最能体现权力意志的建筑，除了代表皇权的宫殿，就是代表神权的庙宇了。

林徽因与梁思成在天坛祈年殿顶

听着林徽因的感慨,梁思成也开始感叹人在伟大建筑面前的渺小卑微,还搬出了汉高祖修建未央宫之事,笑说正在测绘的自己和徽因算不算冒犯皇威。

如此附和着的思成,一下把徽因给逗乐了。

而这有爱的一幕,恰被身旁的助手拍摄下来。

着一袭长长旗袍的徽因,手拿一顶小斗笠,笑着和思成站在一起,身后是深蓝色琉璃瓦片。

阳光之下,他们是如此和谐美好。

而徽因,亦成为祈年殿建成数百年历史中第一位攀登上去的女性。

一切,一切,都是如此美好。

他们马不停蹄,于 11 月份结束了在山西的测绘工作后,又一起去了陕西，调查完西安古建筑，又去附近的耀县考察了药王庙。

本来，他们的计划是一路向西，去兰州，到敦煌看看。只是，限于当局对陕甘一带的封锁，他们最终作罢。

未承想，未能到敦煌，成了他们终生未了的遗憾。

此生，他们再没有机会前往敦煌了。

曾经，日本建筑学界发出过这样武断的言论：中国已不存在唐代的木结构建筑，要看这样的实物，只有到日本奈良去。

对这句话，徽因和思成始终持有怀疑。

这几年的野外考察中，他们和营造学社的同人们也发现了很多重要的古建筑，其中最早的古建筑是初期调查的蓟县独乐寺、应县木塔等宋辽时期的建筑。但是，徽因和思成始终没有放弃对唐代古建筑的寻找。

某天，思成研读法国伯希和的《敦煌石窟图录》，突然被里面的壁画"五台山图"吸引了。壁画描绘的是佛教圣地五台山的全貌，并且对每座寺庙都标注了名称，其中五台山外围的佛光寺赫然标注着建于唐代。

这一发现，太让人心潮澎湃了。

他忙将徽因叫来，细细分析着。最后，两人一致判断五台山上最有可能存在唐代木构建筑。

于是，二人决定到五台山去探个究竟。

1937年6月，二人协同营造学社的莫宗江、纪玉堂一起，前往五台山。

曾经，他们不止一次到过山西，此一行竟有了近乡情怯的感觉。

前往的途中，到榆次站时，徽因突然从车窗里发现远处有一座非同寻常的庙宇。于是，他们一行人纷纷下车，欲探个究竟。果然，这一座别具一格的庙宇，是始建于大宋大中祥符元年（1008年）的殿堂，是唐宋间木构建筑过渡形式的重要实例。

而这一座仅存的庙宇，即永寿寺的雨花宫。

年久失修，当年辉煌一时的永寿寺，仅剩此一处遗存了。幸而他们下了车，拍照、测绘，留下了弥足珍贵的资料。不久之后的1949年，它就被拆除了。

他们继续前行，通往佛光寺的山路陡峭崎岖，且眼前就是悬崖绝壁。他们骑着腿不断颤抖的小毛驴，走走停停行进了两天，才到达一个小山村。这个小山村即豆村，而佛光寺就矗立在豆村的一片高坡上。

总算，功夫不负有心人。

一番测绘、考察后，在大殿内一个不起眼的角落里，他们发现了一幅画着菩萨和侍者的壁画。仔细考量、比对下，他们推测这可能是除敦煌之外，中国国内仅存的唐代壁画了。但是，这还不足以证明这一殿宇就是唐代建筑。

后来，是徽因，她用自己的远视优势，发现了大殿内一根主梁上有淡淡的字迹。大家一阵激动，兴奋地搭起脚手架，清除掉灰尘，隐隐看到几个字，"……女弟子宁公遇"。仍然是徽因，想起大殿外的经幢上仿佛也刻着这样的字眼。

于是，众人飞奔跑去确认。

果然，经幢上清晰地刻着"佛殿主女弟子宁公遇"。

如此一来，大家确认这座寺庙的女施主即宁公遇夫人。而宁公遇

林徽因在"佛殿主"宁公遇夫人塑像旁

乃唐朝官员,这座庙宇则是其夫人出资建成。就此,一座唐代的古建筑就有了确凿的凭据。

最后,经过一番考证,大家认为此寺庙始建于唐宣宗大中十一年,即公元 857 年。

此寺庙,亦成为他们历年搜寻考察中找到的唯一一座唐代木结构建筑。另外,他们在这里还发现了唐朝时期的壁画、书法、雕塑等,皆极为珍贵。

总算,所有的艰辛付出,都有了回报。

只是,等在他们前方的却是时局之乱。

七

乱世微尘，颠沛流亡

世事难料，
此一时风清月朗，
彼一时又山穷水尽。
她在的时代，
是个乱世。
战事起，
她便陷入了颠沛流离的逃亡。

烽 烟

一

走出五台山,他们在代县住下。

此时,已快 7 月中旬了。

他们准备在此处稍事歇息,也稍整理下这一路搜集到的考察资料。一天傍晚,他们结束了一天的辛苦工作后,得到了一捆报纸。报纸是太原的客商带来的,因为公路被水淹延迟了几天送达。不过,虽是旧闻,于他们也可安慰身心。

可是,当他们躺到帐篷里读报时,赫然看到这样触目惊心的大标题:"日本猛烈进攻我平郊据点"。

心惊之下,他们才意识到此刻战争已经爆发一周了。

立刻,大家的心情坠入谷底。

思成更是想起"九一八事变"时,日军犯下的种种暴行,不禁仰天长叹。

当下,他们决定立刻赶回北平。而此时,平汉、津浦两条铁路已不再通车，于是，他们选择绕道返回。

昼夜兼程，总算到了北平。

只是，当时的北平已经硝烟四起，成了一个阴森的战场。

北平军队已经在挖战壕，说明一场不可避免的战争在即。

所谓，一转身，物是人非。

他们回到家，就不断有朋友相约而来。人心惶惶下，何去何从，大家都在商议。在徽因的内心，她虽不舍，但为了大家的安危，他们肯定是要离开的。

思成的想法，与她不谋而合。

考虑到时局动荡，为避免这几年历尽艰辛考察得来的古建筑资料落入敌手，他们决定将它们存入天津英租界的英资银行保险库中。之后，思成还将自己撰写的几篇极为珍贵的论文寄给了费正清夫妇，或保存，或发表。

没几天，守军悄悄撤离。

北平彻底失守，沦陷了。这一天，是 1937 年 7 月 29 日。

满大街的太阳旗，昭示着北平人的耻辱。徽因的心，更痛了。可力量单薄，他们也改变不了什么，唯有将耻辱感刻在心头。

他们担忧的，还是来了。

忽然有一天，他俩收到了署名为"东亚共荣协会"的请柬，邀请他们去参加日本人召开的一个会议。

徽因愤怒地把请柬撕碎了，只是，撕碎了也改变不了什么。

对营造学社，对以梁思成为代表的营造学社同人们的研究工作，日本人注意良久。这封请柬，就是最好的证明。

所以，他们唯有离开，也必须离开。

他们决定到后方去，到大西南去。

8月时节，院子里的丁香花比往年开得都艳，芬芳扑鼻，格外恣肆，只是，他们要离开了。北平再好、条件再优渥，在战争之前都是无法停留的。

黄昏来临，他们收拾好了行装，匆匆离开了北平，告别了最好的时光，也告别了充满美好回忆的北总布胡同三号。

就此，他们踏上了一条艰辛动荡的流亡之路。

二

……当前的艰苦不是个别的，而是普遍的，充满整一个民族，整一个时代！我们今天所叫做生活的，过后它便是历史。客观的无疑我们彼此所熟识的艰苦正在展开一个大时代。所以别忽略了我们现在彼此地点点头。且最好让我们共同酸甜的笑纹，有力地，坚韧地，横过历史。

置身于战争年代，徽因是坚韧不拔、充满力量的。

他们南下的第一站，是天津，同行的，还有金岳霖和朱自清等人。

此时的天津,也已沦陷,到处都是端着枪的日本兵。天津,亦不是久留之地。很快,他们从天津新港起航前往烟台,后又转车到潍坊、青岛,再进济南、徐州、武汉,于10月14日,抵达彼时的"后方"——长沙。

在给友人的信中,徽因这样写道:

由卢沟桥事变到现在,我们把中国所有的铁路都走了一段!……由天津到长沙共计上下舟车十六次,进出旅店十二次……所为的是回到自己的后方。

由此可见,此一行是多么艰辛、波折。

他们抵达长沙的时候,城里已经找不到像样的房子了。在朋友的帮助下,他们租到了靠近火车站的两间小房。砖砌的小房,简陋、陈旧,不过,徽因他们对此如饮甘露,毕竟能免于露宿街头了。

时局乱,能有一处安身之地,就是最大的满足了。

不久,老朋友张奚若、陈岱孙等人也先后到了长沙。教育部更是将清华、北大、南开逃亡出来的师生安置在了长沙,并组建了临时大学。

虽然是草草安置,但大家都并不气馁,全国弥漫着空前高涨的爱国热情,这让他们看到了希望,属于中国的希望。

梁家,再次成为大家会合的据点。众人或分析近来的战报,或讨论国内外的形势,聊到激动处,大家还一起高歌救亡歌曲,英文的、中文的,杂糅着唱,思成则担任了指挥的角色。

紧靠着火车站的房子,虽日日被进出站的火车轰隆声干扰着,但有众多知己在，他们就觉得心安。

徽因的母亲病倒了，徽因操持着家务，还要照顾母亲、孩子，辛苦自不必说，但是，她依然能做到从容自如。

昔日的一代才女，做起寻常女子，也是很称职的。

若日子，能这般安稳也是好的。

只可惜，战争年代，哪怕片刻的安稳都是奢侈的。

11月下旬的一个下午，空中突然毫无预警地出现了大批的飞机。

徽因和思成还没反应过来是什么情况，可怕的爆炸声就已在他们房外不远处响了起来。出于本能，他们二人分别抱起一个孩子，搀扶着母亲，飞奔冲下楼。这时，门窗都已震垮，玻璃碎片满地。接近地面的时候，近处的一颗炸弹就响了，巨大的气浪将徽因和儿子冲倒。还好，睁开眼睛时，徽因发现自己和儿子没有受伤。

好险，总算在房子倒塌前，一家人得以逃到了街上。

而此刻，大街上黑烟弥漫，多处房子被烧，四处都是惊慌失措逃出来的人。

离他们家不远的地方，有清华、北大、南开大学挖的临时防空壕。他俩决定带着孩子和母亲一起往那边跑。谁知，轰炸机再次俯冲，呼啸着又扔下炸弹，有一颗正好落在他们身边。

那一瞬，他们两人只绝望地看着彼此，将自己和家人全交给了命运。

万幸，那颗炸弹并没有炸响。

后来，徽因写：

我们停止奔跑，心想这次跑不掉了，倒不如大家要死死在一起，省得孤零零地活着受罪。这最后的一颗炸弹没有爆炸，而是落在我们在跑着的那条街的尽头。

在狰狞的战争中，每个人都是如此渺小、脆弱、不堪一击。

轰炸机飞走之后，他们从破碎一地的玻璃垃圾堆里，掘出了所剩无几的家当，无奈之下，他们开始了借住的日子。

当晚，他们向朋友张奚若求助。热心的张奚若将自己的两间房中的一间让给了他们，自己一家五口则挤到了另一间。

此次凶险的灾难，使徽因更加珍惜当下。

在无情的硝烟战火之中，可贵的生命是如此不堪一击。在乱世之中，无论多么想要一份安稳，都免不了颠沛流离。

唯有活好当下，是渺小个人能做的。

于是，她和思成决定，离开长沙，到昆明去。

三

是年，12 月 8 日，他们一家踏上了去往昆明的路途。

彼时，昆明不通火车。他们决定乘汽车取道湘西到昆明，一路上，他们要途经常德、桃源、泸溪、吉首、凤凰，西出川、黔。

凤凰，是沈从文的老家。

从文好客，一再写信邀请他俩去自己的家乡小住。盛情难却，徽因、思成决定路过沅陵时，去看看从文笔下的湘西。

本来，徽因就极喜欢从文的文字，对他笔端的湘西更是喜欢。

如牧歌般纯美的湘西，若梦如诗，这是徽因喜欢的格调。恰从文的大哥在家，他们一家得到了悉心又周到的招待。

虽人在颠沛流离中，但欢喜在心。

一如徽因给沈从文的信中写的：

天气是好到不能更好，我说如果不是在这战期中时时心里负着一种悲伤哀愁的话，这旅行真是不知几世修来。

但是，硝烟弥漫的战争年代，所有的好都是奢侈的。

在行至湖南与贵州交界处的晃县时，徽因病了。或许是长久以来的颠簸，或许是乱世之中的忧患，使她不幸患上了急性肺炎。病势凶猛，她高烧40℃一直不退，雪上加霜的是，他们还找不到住处。

到处是难民，思成焦急地走在暗黑的街道上，挨家问询可以入住的地方。他知道若再如此下去，虚弱的徽因得不到休息和治疗肯定会有生命危险的。

蓦然，一家小旅馆里传出悦耳的琴声，他想，演奏者一定是来自大城市的人，若是跟他们商议或许有机会。

于是，他敲响了这间房子的门。

开门的是一群年轻人，一番对话后，他知晓他们是来自空军学院的学员。听到徽因病了的消息，年轻的学员立刻将自己的房间腾了出来。

一家人，总算有了住处。

只是，徽因依然烧得厉害，整个人瘫软着。不行，这样下去，肯定会要了她的命。突然，思成想起同乘的车里有一位女医生，跟他聊起过自己曾在日本留学，也懂一些中医，并且她也下车到了晃县。

于是，思成赶紧去找她，按照她开出的处方火速去抓了药。

万幸，徽因喝了药，经过调理，烧终于退了下来。

大病一场的徽因是虚弱的，但是，她知晓行程再也耽误不得，执意上了路。

等车，上车，这一路行程并不顺利。

日复一日，他们都在山路上行进着，道路崎岖陡峭，车子又破又旧，时常还会出些故障。说来，这一路逃亡，真的是忧患重重。

总算，走过了湖南，经过了贵州，在历经三十九天的翻山越岭、艰苦跋涉之后，他们一家终于抵达昆明。

昆明，是偏安一隅的乐土吗？

彼时，没有人知道。

一如张爱玲说过的："乱世的人，得过且过，没有真的家。"

昆明

一

此时，与徽因毗邻的，是张奚若夫妇。

异地有故交，人总不会显得过于孤清。

只是，一切还没安置太好，思成就病倒了。之前那次车祸让思成的脊椎受伤，而多年劳累奔波，加上这次的长途跋涉，不幸使得他的脊椎病发作了。即使每日穿着那件护脊椎的铁背心，背部肌肉痉挛也让他痛得难以站立，彻夜难眠。

生病还导致他扁桃体生了脓毒，医生决定切除他的扁桃体。可是，切除了之后，又引发了牙周炎，他牙疼得连水都不能喝。最后，医生又拔光了他的牙齿。

如此折腾一番，半年多的时间里，思成都是日夜半躺半坐在一张帆布椅上。

如此一来，家里的重担就全部落在了徽因的头上，买菜、做饭、洗洗涮涮……家里的大事小事每一样都要经她的手。并且，为了让思成能多吃上一口，她还要变着法子做可口的饭菜。

现实，永远都是最残酷的。

接下来，他们还要为生计而忙。

本来，他们决定到昆明，是想能安定下来，重新开始营造学社的工作。可是，计划总是赶不上变化。许多问题无法解决，没有经费、没有图书资料、没有起码的设备，谈何研究。

没有一分一毫的收入不说，租房要钱，治病亦要钱，家里的各项开销更要钱。

如今，他们从北京带来的钱，已所剩无几。

要怎么办？

为了维持生计，徽因接受了为云南大学学生补习英语的工作。一周六节课，虽不多，但路程却很劳神。因为，云南大学离他们住的地方很远，每次去上课，徽因都要来回翻越四个山坡，而且山坡上还有坟。

可是，她并不觉得苦累。

每每，她看着漫山遍野的花欣喜，会为了一株茶花而驻足，静静地欣赏花开花落。

月末，她收到课时费四十元法币。

拿着这薪水，她走进了杂货铺。

要买的东西太多了，母亲需要一顶保暖的帽子，孩子的鞋该换了，她还看中了一块扎染布。可是，在要买的时候，她却犯了愁。因为，房租要交了，肉还需要买点，孩子们已经太多天没见荤腥了。

过往，她从没有如此为花钱踌躇过。

可是，给思成买下一把外出考察古建筑用的皮尺，她没有丝毫的犹豫。而皮尺，要二十三元，是她薪水的一半多。

林徽因与梁思成的昆明生活

投之木桃,报以琼瑶。

这是她回赠思成多年来对自己的爱啊。

经年时光里,因体质弱,得思成万千呵护,她是始终谨记于心的。

所以在昆明,他们变成贫贱夫妻时,她可勇敢地担起责任,照顾家、照顾思成。于是,在西南边陲诗意、静美的小城中,我们仿佛能看到在街头提着瓶子打油买醋的徽因。

一如李健吾所说:

我最初听到他们的信息,是有人看到林徽因在昆明街头提了瓶子打油买醋。她是林长民的女公子,梁启超的儿媳……他们享受惯了荣华富贵,如今真就那样勇敢,接受了上天派给祖国的这份苦难的命运?

柔弱,是外在。

勇敢,才是她真正的质地。

巾帼不让须眉,她亦可完美演绎。

二

1938年4月,国立北京大学、国立清华大学、私立南开大学,皆西迁至昆明,建立了一所传奇大学——西南联合大学。

随后,杨振声、沈从文、萧乾、金岳霖、朱自清等人,陆续来到昆明。

再不久,沈从文的夫人张兆和带着两个孩子,绕道香港,途经越南河内,也来到了昆明;杨振声的女儿、儿子,也来了。

一时,昆明成了他们这一群人临时的家。

很快,他们这一群友人相聚,再次让梁家客厅热闹起来。他们,又恢复了北平的文化小圈子。

徽因,依然是主角。

他们一起谈文学、谈战局,累了,就结伴去李公朴开的北门书店逛逛,或者去老城街边的排档品尝当地的美食小吃。

日子,一下子暖煦起来。

这是徽因喜欢的日子。

营造学社,也得以在昆明重新组建。

思成的身体恢复后,他就想努力恢复组建营造学社。他写了份详细报告,致函中美庚子赔款基金会。很快,基金会董事周诒春回复说,只是他一人还不够,若学社另一位骨干刘敦桢和他一起,就可以拨款。

当下,思成赶紧给刘敦桢写了信。很快,刘敦桢携家眷从湖南老家赶了来。

就此,营造学社得以在昆明驻扎。

营造学社恢复了，面临最大的问题，是缺乏工具书和图书资料。

幸亏，思成弟弟思永一家不久随历史语言研究所来昆明。营造学社的成员，因此有了借阅史语所图书资料的机会。

只是，从此营造学社也要随着史语所的搬迁而搬迁。

生活和事业，貌似都有了向好的局面。

可是，战争荼毒，哪会有真正的美好可言。到了1939年初，昆明的上空就不再安宁。西南重峦叠嶂的高山，挡住了日本侵略者的步伐，却阻挡不了他们飞机的轰炸。三天两头地来一番轰炸，空袭警报就此成了大家的家常便饭。

大家不胜其扰，不久纷纷搬到了乡下。

徽因一家，随营造学社搬到了郊区龙泉镇一个叫麦地村的地方。

学社，就设在一座空置的旧尼姑庵里。

徽因一家，就地住在大殿旁一间半泥土铺地的小屋子里。屋子特别潮湿，几乎可以洇出水来，为了可以居住，他们不得不在上面撒上些石灰。不过，大家都住在这尼姑庵中，彼此间有着照应，亦是好的。

秋天的时候，思成经过治疗和徽因的悉心照料，总算大致康复。

于是，思成便和学社的同人们一起，开启了对云南、四川、陕西等省的古建筑的考察。这一考察，即用去半年之久。从1939年9月至1940年2月，他们共跑了三十五个县，调查了古建、崖墓、摩崖、石刻、汉阙等七百三十余处。

徽因留守在尼姑庵的"大本营"中，照料孩童、照料母亲，还要整理资料。大量的绘制图纸和文字资料需要及时整理，许多的资料需要查证分析，她辛苦又快乐着。

1940年春天，西南联大的许多教授，纷纷搬到龙泉镇一个叫龙头村的村庄，并且纷纷择址盖房。一为躲避频繁的空袭；二为解决实际的住房问题。

龙头村，风景如画，位于昆明市东北处，暂时成了他们这些外乡人的"乐土"。

李济、钱端升、冯友兰、陈梦家等，先后盖起了自己的房子。

徽因和思成，也搬到这里，准备盖一所属于自己的房子。

此前，他们为昆明大学女生宿舍设计了惊艳世人的"映秋院"，这一次，他们要为自己设计一所房子。

这亦是他们一生中为自己设计建造的唯一一所房子。

是一所三居室，外加一间厨房、一间用人房。

作为设计师，他们是亲力亲为一砖一瓦地建造的。

土坯的墙壁，刷上了洁白的石灰粉；轻质的木结构梁架上，覆盖以青灰色的瓦；客厅还设计了壁炉；三间房里，皆铺上了木地板。结构，是当地"一颗印"的布局，平面略近"万"形，约有八十平方米。三间住房坐西向东，两间附属房则坐东向西，中间隔一通道，自然形成一个小小的庭院。庭院之中，他们还种上了尤加利树和叶子花。

一切看上去，是如此美好。

只是，因为物价不断上涨，这所房子花去了比他们预算多出三倍的钱,不多的积蓄用尽,还欠了不少外债。但是,总算有了自己的房子,心里依然是暖的。

人无居所心不定,如今,他们于动荡年代,终于拥有了一处完全属于自己的房子,真的是欣慰不少。

看着自己亲手营建的小屋,徽因兴奋得忍不住给友人费氏夫妇写信,字里行间都流露着喜悦:

我们正在一个新建的农舍中安下家来。它位于昆明市东北八公里处一个小村边上,风景优美而没有军事目标。邻接一条长堤,堤上长满如古画中那种高大笔直的松树。

金岳霖,也追随而至,在他们房子旁边加了个"耳房"。

他们再次比邻而居,就像在曾经的北总布胡同时一般。旧时的美好光景,再次上演。

往昔如昨,同歌唱亦同欢乐!

三

纵历经颠沛,尝尽苦楚,人若永有一份信念在心头,那么,心就会有所寄托、有所依靠。如此,自可不惧将来,亦可千山万水走过,坚忍地度过动荡岁月。

彼时的徽因,即是如此。

她始终将这一颗炽热的心,交付到自己热爱的建筑事业上。

七　乱世微尘，颠沛流亡

她努力地奔走在每一处古建筑间，夜以继日地钻研着古建筑学。

世事风云变幻，也无法扰了她的眼、她的心。她就此将自己置于一处静雅的自我空间里，做自己喜欢的事，爱自己喜欢的人。

生活虽清苦，她却可让自己过得惬意。

在思成外出的时候，她会在完成了一天的工作、家务之后，刻意在晚上，为自己点上一炷清香，摆上一瓶鲜花，换上一袭白色的睡袍，然后，在莲灯微光之中寻找诗意的灵感。《茶铺》《小楼》《除夕看花》《对残枝》《对北门街园子》等作品，皆诞生在她那些诗意的、美好的夜晚时光。

出身名门，留过洋，她却从不娇弱，在清苦的日子里还有着如许的"趣味"。

能如此，真好。

想那个硝烟弥漫的年代里，什么纷繁世事都是浮云。

今日生，抑或明日死，都没一个定数。

珍惜当下，才是最好的选择。

不久，她收到了费正清夫妇寄来的一张支票，他们是希望徽因可以用这些钱治病的，恰好此际她可用这张支票付清建房的欠款。

友人的馈赠和情谊，着实让徽因感动又难过。

自战争爆发以来，她早就体味到了平民百姓的苦难。痛苦、欢乐的回忆，一并袭来，似潮水汹涌，让她忍不住热泪盈眶。

一如她写信给费氏夫妇所说的：

读着你们八月份最后一封信使我热泪盈眶地再次认识到你们对我

们所有这些人的不变的深情……那是一种欣慰的震撼，却把我撕裂，情不自禁地泪如雨下……

不过，感伤于她总是暂时的。

坚忍、细腻、轻灵、诗意、幽默，才是她的常态。

1940年3月的大理，苍山洱海蝴蝶相会，仿佛全世界的蝴蝶都会聚到了这里。此时，昆明的上空中也都是蝴蝶的翅膀，"争奇斗艳"的蝶儿，或在湖面上，或在花丛中，或在天上，或在地上，煞是美好。

徽因，带着宝宝（女儿）和小弟（儿子）穿行在蝴蝶的世界里。

友人金岳霖，也是一宝。

他最爱宝宝和小弟，常和他们玩在一块儿。昆明的水果多，每每他都会买回一个最大的来，或石榴，或大鸭梨，或大苹果。然后，他找来宝宝和小弟拿家里同样的水果比大小。赢了，他乐不可支；输了，他就把水果送给孩子们。

每每，他都乐此不疲，像个大男孩，给徽因和孩子们带来了无限乐趣。

沈从文，也会来。

每个周末，他都会跑很远的路来。

他最爱谈的是他走过的地方，遇到的奇景异趣。也谈老金，谈他开讲座，主题是"小说与哲学"，最后，讲了大半天，结论却是——小说与哲学没有关系。还谈老金上课爱提问，因叫不出学生的名字，就宣布："今天，穿红毛衣的女同学回答。"害得所有穿红毛衣的女学生整堂课都超紧张。

他津津乐道，如话家常，使得徽因和所有同在的人都乐不可支。

在昆明的日子里，除了友人，还有几个活力四射的年轻人，他们就是之前有恩于她和思成的年轻的飞行员们。

他们也在昆明，谁休息，谁就会来她家。有人外出执行任务，也会写信给她和思成。俨然，昆明的梁家，成了他们最亲切的家。

毕业的时候，他们还齐齐邀请梁林夫妇作为"名誉家长"出席他们的毕业典礼。

异乡，他们成故交，情谊深浓。

每次他们来，徽因都竭尽所能，给他们烧最好吃的饭菜。

只是，后来的几年里，随着战事的扩大及深入，他们中的很多人，一个个地牺牲了。按照他们留下的通信地址，他们的遗物一次次被送到她和思成的手中。每一次，她和思成都心如刀割。

后来的多年时间里，梁家每逢7月7日，都会举家默哀三分钟，为这些年轻的炽热的灵魂，哀悼。

冬天来临的时候，日军的飞机轰炸得更厉害了。

中央研究院历史研究所及其附属的营造学社，决定搬迁至四川。徽因、思成，要随着营造学社迁移。西南联大本也打算迁移，却在12月份营造学社确定搬迁后又取消了。就此，徽因、思成，将面临一次和友人们的残忍分离。

这于徽因，于思成，都是一件十分痛苦亦极其艰难的事情。

前路暗仄,她的心有了惶惶的不安。

她给费慰梅写信道:

……我不是一个老往后看的人,即便这样我现在也总是想家,而我们现在要到四川去了!那会不会又是两三年的事呢?时间好像在拖延。

轰炸越来越厉害,但是不必担心,我们没有问题。我们逃脱的机会比真的被击中的机会要多。我们只是觉得麻木了。但对可能的情况也保持着警惕。日本鬼子的轰炸或歼击机的扫射都像是一阵暴雨,你只能咬紧牙关挺过去,在头顶还是在远处都一个样,有一种让人呕吐的感觉……

可是,人被裹挟于乱世,许多事情都身不由己。

只能,任由命运安排。

李庄

一

1940年初冬,徽因一家,准备跟随营造学社和史语所入川。抵达地为四川南溪县李庄镇上坝村。

史语所准备了一辆大卡车,据说,从昆明出发,要经贵州毕节入川,过叙永、泸州才能抵达南溪县。

全程要耗时至少两周,可谓跋山涉水。

临出发,思成不幸发起高烧,行李已打包装车,没办法,只得由徽因带着一家老小先坐车离开,思成留下治病。

就这样,徽因独自带着母亲和两个孩子,一起坐上了卡车。

万水千山,风餐露宿,这一程,坚强的徽因再也没能支撑住。

路上,纠缠她多年的肺病再次复发了。

两周之后,他们好不容易到了李庄。

入眼的虽是竹林青翠,但居住环境却十分恶劣。

徽因一家租住在张姓人家的两间低矮的陋室里，墙是用竹篾搭成的，外面只抹了一层泥巴，大大的墙缝里有光清冷地透过来；屋顶则是用席棚搭的，或许是年深日久，时能看到老鼠出没。

病中的徽因，也唯有入住于此了。

条件，都是如此。

天气也不友好。连绵的雨季，空气中弥漫着阴冷潮湿的味道，更加重了徽因的肺病。40℃的高烧，每日都折磨着她。

思成晚于他们一周到达，看到的是极为虚弱的徽因。可是，他也束手无策，居住环境都如此差了，医疗条件更没办法说。

由此，得不到治疗的徽因，彻底地病倒了，卧床不起。

彼时，他俩都不知道，徽因这一病、这一卧，就是四年之久。他们更没能想到的是，自己在这个艰苦的小村庄生活了整整五年之久。

李庄，真是与世隔绝的地方。

与外界往来，全靠水路。没有一丝现代文明气息，医院、娱乐设施……属于现代文明的统统都没有，条件比在昆明时还要艰苦许多倍。吃水，要到村外的水塘去挑；晚上，照明只能靠菜油灯，煤油灯都是"现代化"的奢侈品；可吃的食物，更是稀缺。

徽因病得太重了。

思成，只能想尽办法用自己当月的薪水，走水路到重庆购买药品。

走了几天几夜，才好不容易回来，看到徽因时，徽因已经昏昏沉沉睁不开眼。心急如焚下，思成逼着自己当起了医生兼护士，学着为徽因打针——肌肉注射、静脉注射。可是，即便如此，徽因的病还是没能好起来。

断断续续地，她一直在发烧。

她一天天地挣扎着、煎熬着，思成看在眼里，内心都是悲伤及刺痛感。许多时候，他宁愿承受病痛的是自己。

可这世间，没有谁能为另一人承受苦痛。

终于，挨到了次年的春天。

李庄的天气，虽然还湿漉漉的，但太阳却是一天暖过一天了。

烧了几个月的徽因，也一点点地退了烧。谢天谢地，她总算坚强地熬了过来。此际的她，虽很虚弱，但可以每天靠着被子坐一会儿。

林徽因在川南古镇李庄的岁月

这已让思成心怀无限感激了。

他从不信神，但某些时刻，他还是不由自主地会感谢神。

为了让徽因更好地恢复，他包揽了家里的所有家务；照顾徽因，他也亲力亲为，绝不让任何人插手，他是怕别人不细心，照顾不周全。

他把家里唯一的一张软床——帆布行军床，给徽因用，并将床调整到朝着院子的方向，这样，躺着的徽因不仅可以晒到一些阳光，还可以关照一些事情。

徽因的胃口差，总吃得很少很少，为了让徽因尽可能地多吃点，他还学会了做面食，时常蒸馒头、包子之类。

彼时，他们的生活真的十分艰苦。

战时，经济陷入瘫痪状态，物价飞涨，思成每月的薪酬到手就贬值到如同一堆废纸。而生活必需品油、盐、酱、醋……任何一样都需

林徽因和孩子们

要钱来买。就此,他们的生活质量下降到有史以来最低。一年到头,荤腥难得看到,能吃饱还得靠思成不断去当铺当掉为数不多的家当。她和思成稍值点钱的物品都被当掉了。

有一次,思成拎回两条鱼,和徽因的对话里就有了:

"把这派克清炖了吧,这块金表拿来红烧。"

孩子们常年穿着草鞋、打补丁的衣衫,最冷的冬天才能穿上外婆东拼西凑做的布鞋。

徽因最昂贵的补品,是费正清夫妇托人捎给她的一点奶粉。

幸而,思成算得上"生活高手",他会想法买到土制红糖,然后,把橘皮切碎和红糖一起熬制成"甘蔗酱"(他的戏称),让孩子们把它抹在馒头上。腌菜,他也学会了,煮饭、做菜,自不在话下。

唯一没有舍得当掉的是他俩最宝贝的留声机。

中年的林徽因

艰苦难熬的日子里，一曲贝多芬，抑或一曲莫扎特，都可以给他们以无限慰藉。

多数时候，徽因还以书为伴。

贫病交加、凄清艰苦的晦暗日子里，除了他们钟爱的建筑事业，音乐、书，也是他们苦难灵魂的寄托与支撑。

有时，生活是这样吧！

会生活的人，热爱生活的人，都能够拥有"苦中作乐"的能力吧。

一如，李庄时期的他们。

二

1941 的夏天，老金来到了李庄。

他是第一个来李庄探望他们夫妇的老友，彼时，西南联大放了暑假，于是，老金就迫不及待地来到了李庄。

这一趟，交通自是十分不便的，一路可谓山迢迢、水迢迢。

可是，于老金而言却是幸福快乐的事。

过去的十年，老金早已习惯和梁家人生活在一起了。

"离开了梁家，我就像没了魂一样。"

这是他说过的。

所以，跋山涉水，只为来到李庄梁家一聚。

他的到来，很快让梁家热闹、欢乐了起来。

病中的徽因，露出了久违的微笑，人也活泼俏皮了不少；两个孩童，更是欢愉雀跃；思成，内心也是热乎乎的。

只是，困苦的生活也击中了他们的朋友老金。他头发脱落了不少，人也清瘦了不少，视力较过往更弱了。

彼时，谁也不能摆脱战事带来的厄运吧！

他说，昆明物价飞涨，靠教课的那点钱已经什么都吃不起了。一个月的薪水发下来，往往两个礼拜不到就花光了。大家通常吃的是白米饭拌辣椒，偶尔吃上顿菠菜豆腐汤就是改善生活了。

不过，他们的朋友，素来幽默大度，对此言说着：

在这困难的年月里，重要的是要想一想自己拥有的东西……人们将会觉得自己已很富有，同时人们一定要尽可能不去想那些必须购买的东西。

只是，初见到病中的徽因时，他无法淡定，内心波澜四起，仿佛有心碎的声音响起。

病中的徽因，太瘦了，一张俊脸苍白到毫无血色，秀美的双眸深深陷入眼窝。一见之下，他顿时心酸不已。二话没说，隔天他就到市场买来了十几只刚刚孵出的小鸡，在门前小小的空地上喂养起来。

他是要把这些小鸡喂养肥嫩，好拿来滋补徽因的病体。

逗留期间，老金也不只玩乐。

此刻，他正撰写着他的宝贝论著——《知识论》。常常，徽因和思成讨论着《中国建筑史》的撰写问题时，老金就安静地坐在一个角落的桌子前,伏案著述他的作品。

一般到下午四五点钟,他们一天的工作告一段落时,才一起聚在徽因病床前。

沏一壶粗茶,开启留声机,围坐在一起,边喝边聊,依稀间,他们又回到北平北总布胡同了。

曾经,罗兰曾在《米开朗琪罗传》的"前言"里写道:

世界上只有一种真正的英雄主义,那就是在认识生活的本质之后依然热爱生活。

他们都是热爱生活的人,是生活中真正的英雄。

三

病中的徽因,是敏感的、脆弱的。

过往华彩,都如幻梦。她开始无限循环地回忆过往,过往的人、事、物,颇多了些感伤。

但是,她依然是诗意的。

尽管病重,她并没有放弃创作。她写《一天》:

今天十二个钟头,
是我十二个客人,

> 每一个来了，又走了，
> 最后夕阳拖着影子也走了！
> 我没有时间盘问我自己胸怀，
> 黄昏却蹑着脚，
> 好奇地偷着进来！
> 我说，朋友，
> 这次我可不对你诉说啊，
> 每次说了，伤我一点骄傲。
> 黄昏黯然，无言地走开，
> 孤单的，沉默的，
> 我投入夜的怀抱。

彼时，她的心境，就全在这首诗里了。

聊以慰藉的，是给好友费慰梅写信。可是，信纸都要一张作三张使，不留一点空白之处。

她虽忧郁、难过，却从不气馁。且看，她给费慰梅写下的句子：

老实说，我倒挺快活，觉得我很明智，觉得我是在做着一件更有意义的事。只有当孩子们生了病或减轻了体重时，我才难过起来。有时午夜扪心自问，又觉得对他们不公道。

生活虽苦难重重，条件虽差到不能再差，而她亦瘦到不能再瘦，但他们的生活中却从不见抱怨。她，如此；思成，亦如此。

家贫落魄，凄凉如斯。

他们却不觉得难以为继，可是，有人看不下去了，看得心戚戚然。这个人，是中央研究院历史语言研究所所长傅斯年。

在看到思成弟弟梁思永也病倒在李庄之后，他拿起纸笔，给教育部部长朱家骅写了长长的一封信。

他要为梁家两兄弟请求经济救援，他在信中写：

骝先吾兄左右：

兹有一事与兄商之。梁思成、思永兄弟皆困在李庄。思成之困是因其夫人林徽因女士生了T.B.，卧床二年矣。思永是闹了三年胃病，甚重之胃病，近忽患气管炎，一查，肺病甚重。梁任公家道清寒，兄必知之，他们二人万里跋涉，到湘、到桂、到滇、到川，已弄得吃尽当光，又逢此等病，其势不可终日，弟在此看着，实在难过，兄必有同感也。弟之看法，政府对于他们兄弟，似当给些补助，其理如下：

一、梁任公虽曾为国民党之敌人，然其人于中国新教育及青年之爱国思想上大有影响启明之作用，在清末大有可观，其人一生未尝有心做坏事，仍是读书人，护国之役，立功甚大，此亦可谓功在民国者也。其长子、次子，皆爱国向学之士，与其他之家风不同。国民党此时应该表示宽大。即如去年蒋先生赙蔡松坡夫人之丧，弟以为甚得事体之正也。

二、思成之研究中国建筑，并世无匹，营造学社，即彼一人耳（在君语）。营造学社历年之成绩为日本人羡妒不置，此亦发扬中国文物之一大科目也。其夫人，今之女学士，才学至少在谢冰心辈之上。

三、思永为人，在敝所同事中最有公道心，安阳发掘，后来完全靠他，今日写报告亦靠他。忠于其职任，虽在此穷困中，一切先公后私。

总之，二人皆今日难得之贤士，亦皆国际知名之中国学人。今日在此困难中，论其家世，论其个人，政府以皆宜有所体恤也。未知吾兄可否与陈布雷先生一商此事，便中向介公一言，说明梁任公之后嗣，人品学问，皆中国之第一流人物，国际知名，而病困至此，似乎可赠以二三万元（此数虽大，然此等病症，所费当不止此也）。国家虽不能承认梁任公在政治上有何贡献，然其在文化上之贡献有不可没者，而名人之后，如梁氏兄弟者，亦复少！二人所作皆发扬中国历史上之文物，亦此时介公所提倡者也。此事弟觉得在体统上不失为正。弟平日向不赞成此等事，今日国家如此，个人如此，为人谋应稍从权。此事看来，弟全是多事，弟于任公，本不佩服，然知其在文运上之贡献有不可没者，今日徘徊思永、思成二人之处境，恐无外边帮助要出事，而帮助似亦有其理由也，此事请兄谈及时千万勿说明是弟起意为感，如何？乞示及，至荷！

专此，敬颂

道安！

弟　斯年谨上
四月十八日

弟为此信，未告二梁，彼等不知。

因兄在病中，此写了同样信给咏霓，咏霓与任公有故也。弟为人谋，故标准看得松。如何？

弟　年又白

通过一封滚烫的赤子之言的书信，可见素来"手眼通天、霸气冲天、牛气冲天"的傅斯年，亦有着豪气冲天的担当和义气。

只是，信发出十多天后，还不见回音。

他转而又给中央研究院总办事处写信。幸而，乱局之中，经济部部长翁文灏接管了此事。

信写于1942年4月18日，特别津费拨款下来转交到傅斯年手中已是当年9月28日了，中间隔了漫长难挨的五个多月。

但是，于徽因和思成而言，真的是雪中送炭，他们知晓后，感激之情难以言表。要知道，直到津费款到手，他们才知晓傅斯年为他们做了此事。

自此，徽因和思成的李庄生活才真正得以改善。

在写给好友费正清的信中，思成这样写道：

我们的家境已经大大改善，大概你们都无法相信。每天的生活十分正常，我按时上班从不间断，徽因操持家务也不感到吃力……而最让人高兴的是，徽因的体重在过去两个月中增加八磅半。

总算，徽因的身体恢复了。一切，开始有了向好的迹象。

四

在李庄，最艰苦的境地里，世人所见的徽因，仍是一个诗意的、热情的女子。

春花烂漫的时候，她会穿一袭素裙，于一隅，读书、写诗、写信……两间陋室，亦被她收拾得十分整洁，窗户用粉白纸糊上，窗台摆上玻璃瓶，瓶里插上大把乡间采来的野花；她依然爽朗好客，村里的姑娘、小媳妇们成了常客……

她仍是中心、焦点，亦永是中心、焦点，这就是她的魅力。

不管何时何地，她都可成为最吸引人的那一抹清丽之色。

在李庄的几年，她仍为事业而忙。

于她，建筑是毕生的事业，不求功名、不求回报，只为热爱。

自从营造学社得到教育部的资金后，人员得以扩充，思成也开始进行外出考察了。她则做了思成和营造学社的"坚实后盾"，每日，她为操持营造学社的繁杂事务而奔忙，不抱怨苦累，更不收取任何酬劳。

因为她是真的热爱这份事业。

1942 年，思成接受国立编译馆的委托，开始编写我国第一部较为系统完整的建筑史——《中国建筑史》。

彼时，徽因还在重病之中。

可是，爱建筑如生命的她，自是不会放弃这次机会的。为了协助思成编著这部作品，她硬是抱病阅读了二十四史，做足了准备工作，并承担了全部书稿的校阅和补订工作。

同时，她和思成还一起开始用英文撰写并绘制《图像中国建筑史》。

在李庄低矮简陋的农舍里，他们一点一滴地，全面系统地总结整理着他们经年累月的调查成果，于他俩而言，是欣慰，亦是多年夙愿的达成。

他们战前存放在天津银行地下保险库的资料，毁于1939年天津的一场大水，资料所剩无几，消息两年后才传到李庄他俩的耳中。他俩闻讯痛哭不已。而自专著付梓以后，再不必担心多年调查成果不幸毁于一旦了。

彼时，思成给费正清的信中，也充满了轻快：

……很难向你描述也是你很难想象的：在菜油灯下做着孩子的布鞋，购买和烹调便宜的粗食，我们过着我们父辈在他们十几岁时过的生活但又做着现代的工作。有时候读着外国杂志看着现代化设施的彩色缤纷的广告真像面对奇迹一样。……我的薪水只够我家吃的，但我们为能过这样的日子而很满意。我的迷人的病妻因为我们仍能不动摇地干我们的工作而感到高兴。

热爱事业的女子，最得男子爱慕，一如徽因。
在思成的眼中，无论她病得如何憔悴、瘦骨嶙峋，她都是最美、最迷人的。

这些全因为她的人格魅力，与相貌无关。

1942年11月，他们的挚友费正清，来到了李庄。

彼时，费氏夫妇正在美国首府华盛顿的政府情报协调局工作。以汉学家的身份，费正清争取到了来中国工作的机会。

8月，由美抵达重庆，他第一时间就去见了因公来渝暂住中央研究院招待所的思成。

七年，他们已七年未见。

故人重逢，那些曾经的美好回忆，如潮水一般涌上了心头。激动万分的两个人，久久地握着手。

他告诉思成，他一定要到李庄，看看徽因。果然，11月的时候，他就来了。

李庄的艰苦，病中的徽因，自然会给他带来很大的冲击。

多年后，他于《费正清对华回忆录》中写道：

傍晚5时半便点起了蜡烛，或是类似植物油灯一类的灯具，这样，8点半就上床了。没有电话。仅有一架留声机和几张贝多芬、莫扎特的音乐唱片；有热水瓶而无咖啡；有许多件毛衣但多半不合身；有床单但缺少洗涤用的肥皂；有钢笔、铅笔但没有供书写的纸张；有报纸但都是过时的。你在这里生活，其日常生活就像在墙壁上挖一个洞，拿到什么用什么。别的一无所想，结果便是过着一种听凭造化的生活。我逗留了一个星期，其中不少时间是由于严寒而躺在床上。

不久后，费正清夫妇发来邀约。

1942年11月，面对生活在困顿中的梁思成夫妇，面对罹患痨病的林徽因，我慨然提出请他们夫妇去美国生活，并愿资助林徽因在美国治病和工作。

结果，思成婉拒了他们的好意。

思成言：

我的祖国正在灾难中，我不能离开她，假使我必须死在刺刀或炸弹下，我要死在祖国的土地上。

面对这样的思成，费正清夫妇无以反驳，唯一句敬佩的感叹：

林，我已经明白了，你的事业在中国，你的根也在中国。你们这一代知识分子，是一种不能移栽的植物。

是的，他和徽因，以及那年那月生活在民族存亡之中的前辈学者们，皆用自己的方式与国家荣辱与共，历经苦难、沧桑，唯担当、坚忍的精神永恒不变。

八

芳菲四月，风华依旧

人生，
就是一出戏。
唱念做打，
演绎的都是自己的喜怒哀乐。
她在四月的暖阳里，
唱完了自己的剧。

曙 光

一

自昆明入川，徽因就一直挣扎在病痛之中。

到了1941年，病痛更甚，而这一年又发生了让她不能承受的痛苦之事。那就是，弟弟林恒不幸牺牲。

在这一年的3月14日，对日成都空战中年仅23岁的林恒不幸血洒长空。初闻噩耗的梁思成，悲痛不已，又怕疾病缠身的林徽因不堪承受这悲痛，于是，一个人赶往成都将林恒的后事料理妥当。

确实，若告诉了徽因，无疑是间接杀了她。

在所有的兄妹之中，徽因最喜欢的就是三弟林恒了。

林恒的遗物，梁思成带回来一套军服、一把航校毕业学员的纪念佩剑，并将它们小心翼翼地藏到家里的一个箱子里。

于徽因而言，她是有不好预感的。

长久未能收到三弟的信，还有，将她和思成看作"名誉家长"的那几个善良的年轻人，一个接一个地牺牲，也早就给了她某些暗示。毕竟，国难之中，作为飞行员的危险系数高于其他。所以，不久后知

八 芳菲四月,风华依旧

道了林恒牺牲的不幸事实时,她虽悲痛万分,却也勇敢坚强地面对了。

1944年6月26日,徽因和思成最后的一位飞行员朋友林耀也不幸牺牲了。听闻之后,悲痛不能自已的徽因,思念三弟的心更甚。

夜雨滂沱,山风呼啸,她一人独坐,泪流满面地写下了题曰《哭三弟恒》的长诗。

> 弟弟,我没有适合时代的语言
> 来哀悼你的死;
> 它是时代向你的要求,
> 简单的,你给了。
> 这冷酷简单的壮烈是时代的诗
> 这沉默的光荣是你。
>
> 假使在这不可免的真实上
> 多给了悲哀,我想呼喊,
> 那是——你自己也明了——
> 因为你走得太早,
> 太早了,弟弟,难为你的勇敢,
> 机械的落伍,你的机会太惨!
>
> 三年了,你阵亡在成都上空,
> 这三年的时间所做成的不同,
> 如果我向你说来,你别悲伤,
> 因为多半不是我们老国,

而是他人在时代中辗动,
我们灵魂流血,炸成了窟窿。

我们已有了盟友、物资同军火,
正是你所曾经希望过。
我记得,记得当时我怎样同你
讨论又讨论,点算又点算,
每一天你是那样耐性地等着,
每天却空的过去,慢得像骆驼!

现在驱逐机已非当日你最理想
驾驶的"老鹰式七五"那样——
那样笨,那样慢,啊,弟弟不要伤心,
你已做到你们所能做的,
别说是谁误了你,是时代无法衡量,
中国还要上前,黑夜在等天亮。

弟弟,我已用这许多不美丽言语
算是诗来追悼你,
要相信我的心多苦,喉咙多哑,
你永不会回来了,我知道,
青年的热血做了科学的代替;
中国的悲怆永沉在我的心底。

啊，你别难过，难过了我给不出安慰。
我曾每日那样想过了几回：
你已给了你所有的，同你去的弟兄
也是一样，献出你们的生命；
已有的年轻一切；将来还有的机会，
可能的壮年工作，老年的智慧；

可能的情爱，家庭，儿女，及那所有
生的权利，喜悦；及生的纠纷！
你们给的真多，都为了谁？你相信
今后中国多少人的幸福要在
你的前头，比自己要紧；那不朽
中国的历史，还需要在世上永久。

你相信，你也做了，最后一切你交出。
我既完全明白，为何我还为着你哭？
只因你是个孩子却没有留什么给自己，
小时我盼着你的幸福，战时你的安全，
今天你没有儿女牵挂需要抚恤同安慰，
而万千国人像已忘掉，你死是为了谁！

悲恸之情，满溢在字句间。

二

悲痛之余,她仍将一颗炽热的心交付于热爱的事业。她通宵达旦地查阅相关资料,撰写文章。

无数个日夜之后,思成和她终于完成了《中国建筑史》及《图像中国建筑史》的撰写。

成书过程之中,徽因对思成竭尽全力地协助。在李庄陋室里昏黄的油灯下,倾注着徽因无数的心血。她做事严谨、细致,且有耐心,她在描述史料时能融入深邃的哲思及审美启示,这些皆是思成所缺的。所以,思成所有的文字,皆经过了她的加工润色。

故而,在1946年时,思成于《图像中国建筑史》一书的前言中这样写道:

最后,我要感谢我的妻子、同事和旧日的同窗林徽因。二十多年来,她在我们共同的事业中不懈地贡献着力量。从在大学建筑系求学的时代起,我们就互相为对方"干苦力活",以后,在大部分的实地调查中,她又与我做伴,有过许多重要的发现,并对众多的建筑物进行过实测和草绘。近年来,她虽罹重病,却仍葆其天赋的机敏与坚毅。在战争时期的艰难日子里,营造学社的学术精神和士气得以维持,主要应归功于她。没有她的合作与启迪,无论是本书的撰写,还是我对中国建筑的任何一项研究工作,都是不能成功的。

这是思成对她的深爱和敬重。

1945年春天,思成被国民党政府任命为中国战地文物保护委员会副主席,负责领导编制沦陷区的重要文物目录,将重要的古建筑标注到军用地图上,以防打仗时遭到破坏。

这件事情于思成而言,有意义又充满成就感。

夏天的时候,费慰梅抵华。同丈夫费正清一样,她也是以美国大使馆文化专员的身份抵华的。与丈夫团聚的同时,令她兴奋不已的是,有生之年在乱世之中还能和自己的挚友徽因再相见。

8月15日,是最令人欣喜的日子,日本投降了。

日本昭和天皇裕仁,以"停战诏书"宣布无条件投降。

消息传来时,在重庆中央研究院工作的思成正和费氏夫妇在美国大使馆共进晚餐。能和最好的友人一起亲历这终生难忘的时刻,于思成而言是最大的幸福。

八年离乱颠沛的生活,终于要结束了。

仿如一场噩梦,终于一切都过去了。

思成想立刻和徽因分享这一令人幸福的好消息,于是,和费氏夫妇一起乘坐军用飞机,到宜宾,再乘船抵达李庄。

得知消息的徽因,自是激动万分。

同样让徽因激动的,还有暌违多年的费慰梅。一见面,她们就相拥而泣,离别十年之久,这中间发生太多事了,可谓物是人非。此刻的徽因,又苍白又消瘦,让费慰梅看得心疼不已。

这一天,于徽因而言是太美妙的一天。

她尽管十分虚弱,但是仍努力挣扎着下了床。她要和她最好的女朋友一起去庆祝,要到镇上去,乘着轿子,去茶馆。

庆祝她们的欢聚,亦庆祝抗战胜利。

从来到李庄,她还未曾去过镇子。此一行,蓝天、田野、新鲜的空气,都让她宛如新生。

到了镇上,她们喝了茶,逛了街。这真是缠绵病榻良久的徽因之前想都不敢想的。

费慰梅不仅来了,还带来了治疗徽因肺病的药品。

离开时,她与徽因相约,要在重庆再见。

一切,都美好得仿佛不大真实。

确实如此,阴霾已散去,一切都在朝着最好的方向发展。

三

徽因,开始渴望离开李庄。

她要到重庆去,与最好的女友费慰梅约见。

可是,这段时间一直阴雨绵绵,没有船,她还不能马上出发。

于是,她写信给费慰梅:

……我上星期日又坐轿子进城了,还坐了再冰的两个男朋友用篙撑的船,在一家饭馆吃了面,又在另一家茶馆休息,在经过一个足球场回来的途中从河边的一座茶棚看了一场排球赛。

有一天我还去了再冰的学校，穿着一套休闲服，非常漂亮，并引起了轰动！但是现在那稀有的阳光明媚的日子消逝了和被忘却了。从本周灰色多雨的天气看，它们完全不像是真的。

如果太阳能再出来，而我又能恢复到那样的健康状况，我就会不管天气冷不冷，哪怕就是为了玩玩也要冒险到重庆去。因为我已经把我的衣服整理好和缝补好准备走，当气氛适合的时候我收拾行装找你应该是没有问题的。但天一直在下雨……而且也没有船。显然你从美国来到中国比我们从这里去到重庆要容易得多。

总算，在思成的陪伴下，徽因到了重庆。

在重庆，费慰梅开着吉普车带着她四处游逛。吹着重庆的风，看着各色人等，闭塞乡间五年之久的徽因，见人见物皆觉得新鲜。

五年，真的是太过漫长了。

艰难、病痛……真的是难挨的五年。

幸而，一切都过去了。

在重庆，多数时间里，她住在中研院招待所里。费慰梅若来，不是带她到城里去玩，就是带她去郊外小弟读书的南开中学，要么带她去美国大使馆食堂就餐，或者去刚安顿好的家里小坐。

年末，她还去参加了美新社总部举办的美国特使乔治·马歇尔抵达重庆的招待会。

仿佛，时间拨回到了北平时光，她恢复了她的社交。

她也看了医生，医生是费慰梅专门请来的美国著名的胸外科大夫奥·埃娄塞尔博士。

只是，奥·埃娄塞尔博士检查完她的病情后，说徽因最多还有五年的寿命。

思成听后悲戚交加，一下子跌坐在了椅子上。倒是徽因比他看得开，还安慰他世事无常，生死无定。缠绵病榻多年的徽因，早就将生死坦然看待了。她已卧病整整四年之久，容颜憔悴、形销骨立的样子，让人心疼不已。然而，她仍不肯向命运低头。

所幸，上苍眷顾，这以后，她竟还在这世间活了十年。

十年，日月如梭，对普通人而言是短暂，对徽因而言却无比可贵。

就是在这十年里，徽因将人生过得更充实了。建筑事业上，她做出了很多的成就；文学创作上，她写出了更多惊艳世人的诗句。

这是她对生命最好的回报吧！

彼时，营造学社的经费来源已经彻底中断，骨干人员刘敦桢与陈明达迫于生计已先后离开。留下的，也早就人心涣散了。此际，经过营造学社同人们数年之努力，中国古建筑研究已基本上厘清了。所以，思成觉得此项工作可以告一段落了。

于是，他和徽因商量着，在重庆看完病后，去昆明会会老友，之后他们一家就回北平。

商定后，思成回李庄处理北返事宜，徽因则在费慰梅的陪同下乘机去往昆明。

重返昆明，恍如隔世。

住的是老金和张奚若事先替她租好的圆通山唐家花园，此为军阀唐继尧后山上的祖居。这里窗户很大，正对着一个豪华的大花园，参天的桉树绿荫遮天，煞是惬意。

景好，人更好。

老友张奚若、钱端升夫妇、老金等，每日都聚集在她的身边，围绕着她聊没完没了的天。于徽因而言，这样的日子太美好了。

于是，她忍不住跟已经回重庆的费慰梅写信分享：

一切最美好的东西都到花园周围来值班，那明亮的蓝天，峭壁下和小山外的一切……房间这么宽敞，窗户这么大，它具有戈登·克莱格早期舞会设计的效果。就是下午的阳光也好像按照他的指令以一种梦幻般的方式射进窗户里来，由外面摇曳的桉树枝条把缓缓移动的影子泼到天花板上来。

只是，云南的海拔不利于她养病，她的身体依旧虚弱，病情也在恶化。

6月的时候，大家为她举办了生日茶会。

不久，西南联大恢复了北大、清华、南开三校，并着手迁回北平之事。

徽因知道，自己该回去了。

恰此时，思成来信言回北平之事。

兜兜转转，他们一家终于可以回到魂牵梦绕的北平了。

时间真残酷，已经将他俩磨砺得容颜憔悴。

所幸，他俩还拥有挚爱的事业。

北平

一

1946年7月,他们一家回到了北平。

九年,自离开至今日返回已过九年。

回首是弹指一挥间,然而,他们过的每一天皆度日如年。其间颠沛波折,难以用文字言语来表达。

在西郊机场,他们一家坐上了清华大学陈岱孙先生安排好的车。从西郊进城,这一段路曾是思成清华读书时周末必往返的路。

如今,二十年过去,一切物是人非。

或许,这就是人生。兜兜转转中,许多事情都是我们无法把控的。

汽车,途经箭楼,驶出瓮城,进入西直门……车窗外,景物怡人;车窗内,人似经历了一场噩梦刚刚醒来。

曾经,她和思成还俊颜倜傥,如今,皆鬓角斑白,时间是把残酷的刀,世事更是。他们都非少年了,且病骨瘦体。

满眼青山未得过,镜中无那鬓丝何。

但无论如何,总算回来了。

回到北平,他们一家入住清华园。

彼时,思成被聘任为清华大学建筑系主任,徽因则做了清华大学的客座教授。

1946年的夏天,清华大学建筑系,迎来了它的第一届学生。

不久,徽因一家搬进了清幽的清华园新林院八号,老金和几个老朋友就住在不远处。因朋友多,徽因家的下午茶会热热闹闹地重启了,"太太客厅"里的文艺沙龙如火如荼,每日都有欢聚。

一如,曾经的北总布胡同三号院。

尽管此时的徽因还在病中,身体不好,但却精力充沛,富有生机。

她谈文学,谈美学,谈哲学,亦谈建筑系;读恩格斯,亦读伍尔夫,世间又恢复了她热爱的模样。

同年10月。

思成赴美考察战后美国的建筑教育,同时,他还收到耶鲁大学和普林斯顿大学的邀请函,让他去做客座教授。

这一去,就是八个月之久。

而彼时,清华大学建筑系刚开始筹建,一切未完事宜落在了徽因肩上。

曾经,徽因在沈阳跟思成一起经历了东北大学建筑系的白手起家。所以,临行前,思成交代系里的年轻骨干,有事可与徽因商议。

就此,徽因虽不在清华大学的编制里,却为建筑系的成立和运转立下了汗马功劳。

一如她的同事吴良镛所言：

她躺在病床上，把一个系从无到有地办起来。

1947年4月，思成参加了普林斯顿大学的"远东文化与社会"国际研讨会，做了《唐宋雕塑》与《建筑发现》两场学术报告。普林斯顿大学因他在中国建筑研究方面的贡献，授予了他荣誉文学博士学位。

他兴奋地写信告诉徽因。

徽因看后，颇多欣慰。可是，她的身体却一天比一天差。每天夜里，她都辗转难眠，咳嗽、咳痰、气喘……常常被折腾得冒一身冷汗。

她的生命，似在一点一点地被凌迟。

不过，她依旧淡然，一如彼时她写的那首《人生》中所表达的：

人生，
你是一支曲子，
你是歌唱的；

你是河流，
我是条船，一片小白帆，
我是个行旅者的时候，
你，田野，山林，峰峦。

无论怎样,
颠倒密切中牵连着
你和我,
我永从你中间经过;

我生存,
你是我生产的河道,
理由同力量。
你的存在
则是我胸前心跳里
五色的绚彩
但我们彼此交错
并未彼此留难。
……
现在我死了,
你,——
我把你再交给他人负担!

二

1947 年,仲夏。

思成得知徽因病情加重,火速处理完在美国的事情,立即返回北平。

比起工作、事业，徽因才是他心里的重中之重。一路风风雨雨走来，徽因早已融入他的骨血。若一日，徽因离去，他的余生将如何度过？

他一路忧心忡忡地回来，看到的是憔悴不堪的徽因。

此时，徽因的肺病已恶化得感染到肾脏。当下，需要马上做手术。可是，徽因却一直高烧不退，没有办法立马手术，唯有静养并好好做术前准备。

归来的思成，虽然依旧很忙，诸事缠身，但他还是充当了"徽因小姐私人护士"的角色。徽因的一切事宜，皆由他过问。这样的思成，是暖心的，亦让徽因心安。

初秋时节，徽因的身体渐渐好转起来。

10月，徽因的手术时间定了下来。她住进了西四牌楼中央医院，彼时，她还是给好友费慰梅写了封信：

我应当告诉你我为什么到医院来。别紧张，我只是来做个全面体检，做一点小修小补——用我们建筑术语来说，也许只是补几处漏顶和装几扇纱窗。昨天下午，一整队实习和住院大夫来彻底检查我的病历，就像研究两次大战史一样。我们（就像费正清常做的那样）拟定了一个日程，就我的眼睛、牙齿、肺、肾、饮食娱乐和哲学建立了不同的分委员会。巨细无遗，就像探讨今日世界形势的那些大型会议一样，得出了一大堆结论。同时许多事情也在着手进行，看看都是些什么地方出了毛病；用上了所有的现代手段和技术知识。如果结核菌现在不

1947年12月,林徽因于北平

合作,它早晚也得合作。这就是其逻辑。

……这医院是民国初年建的一座漂亮建筑:一座"袁世凯式"、由外国承包商盖的德国巴罗克式四层楼房!我的两扇朝南的狭长的前窗正对着前庭,可以想象1901年时那些汽车、马车和民初的中国权贵们怎样装点着那水泥铺成的巴罗克式的台阶和通道。

字里行间,她写得轻松、乐观,可内心仍是焦虑的。

于是,有了这首宣泄心情的诗——《恶劣的心绪》:

我病中,这样缠住忧虑和烦扰,
好像西北冷风,从沙漠荒原吹起,
逐步吹入黄昏街头巷尾的垃圾堆;
在霉腐的琐屑里寻讨安慰,

自己在万物消耗以后的残骸中惊骇,
又一点一点给别人扬起可怕的尘埃!

吹散记忆正如陈旧的报纸飘在各处彷徨,
破碎支离的记录只颠倒提示过去的骚乱。
多余的理性还像一只饥饿的野狗
那样追着空罐同肉骨,自己寂寞的追着
咬嚼人类的感伤;生活是什么都还说不上来,
摆在眼前的已是这许多渣滓!

我希望:风停了;今晚情绪能像一场小雪,
沉默的白色轻轻降落地上;
雪花每片对自己和他人都带一星耐性的仁慈,

一层一层把恶劣残破和痛苦的一起掩藏;
在美丽明早的晨光下,焦心暂不必再有,——
绝望要来时,索性是雪后残酷的寒流!

这首诗的最后,林徽因注有"三十六年十二月病中动手术前",仿佛自己人生的注脚。

人非圣人,在生死未卜当中,会恐慌,徽因亦是。

三

同年，12月24日。

徽因，做了一侧肾切除的手术。

术前，她的好友们纷纷赶来，金岳霖、张奚若、沈从文、莫宗江、陈明达……他们宽慰着、叮嘱着徽因，满满的关爱。同时，他们也很揪心，毕竟徽因如此虚弱，他们担忧着她是否能承受如此大的手术。

相交有年，他们早已将徽因视为亲人。

有些事，在劫难逃；有些事，非也。

很幸运，虚弱的徽因竟扛了过来，手术很成功。尽管，她术后的伤口久久不能愈合，但是，她的身体一天比一天好了起来。

这期间，必缺不了思成日夜细心的照料。

徽因不喜在医院里休养，于是，低烧一退，她就要求立马回家。

清华园里，虽然房间宽敞舒适，却没有暖气。而她素来体弱怕冷，并且，冷暖也关系到徽因的术后健康和恢复，如何办？这一点也难不倒思成，他买来三个约半人高的大炉子，在屋里生起火来。

炉子难伺候，容易熄火，于是，都是他亲力亲为，添煤、除渣，样样精心着。

徽因的营养餐，亦是他亲自搭配的，按照医生的嘱咐。

他依然充当着徽因小姐的私人护士，给她肌肉注射和静脉注射药物。

怕徽因寂寞，每日，他必给徽因读报刊，英文有之，中文亦有之。

若离开去系里，或者外出时，他定会为徽因放好各种大小松软的靠垫，唯怕徽因躺得不舒服。

时局混乱，北平城物价飞涨，商品奇缺。

为给恢复中的徽因补充营养，思成常要开车去百里之外的郊县采购，运气好的话，可以买到一只鸡，不好的话，就要空手而归。最不得已的时候，思成还向费氏夫妇求助，请他们从美国寄来救命的链霉素。

这样的思成，这世间怕只他一人。

思成曾说过："老婆是自己的好，文章是老婆的好。"

这是思成对徽因的由衷认可。

风风雨雨，坎坎坷坷，他们牵手走过的岁月，皆证明了选思成为夫，是徽因最睿智的选择。

静好

一

1948年2月,徽因的身体愈来愈好了。

她可以在房间里自己活动了,心情也好了起来。她开始重拾旧时爱好,写作,也开始关注戏剧、文艺展览及文艺演出。于她,这是生命中最美的颜色。

她也正式开始整理抗战时自己的一些诗作。

他们可爱的朋友老金,鼓励她将这些诗作寄出去发表。

素来,老金是了解徽因的。他谈及徽因时曾说:"她倒用不着被取悦,但必须老是忙着。"

是的,忙碌起来的徽因才最开心。

这些,思成都看在眼底,既担心又高兴。

他曾写信给费慰梅,诉说自己这心境:

她的精神活动也和体力一起恢复了,我作为护士可不欢迎这一点。

她忽然间诗兴大发，最近她还从旧稿堆里翻出几首以前的诗来，寄到各家杂志和报纸的文艺副刊去。几天之内寄出了16首！就和从前一样，这些诗都是非常好的。

不久，徽因的诗作发表在《经世日报·文艺周刊》《文学杂志》上，其中包括《昆明即景》《六点钟在下午》《年轻的歌》和《病中杂诗九首》。

转眼到了3月31日，这天是徽因和思成结婚二十周年纪念日。

素喜热闹的徽因，虽身子虚弱，却热情地张罗起宴席来，并且办得有声有色。

新学期开始，思成忙碌起来。

他不仅要教授建筑史和世界建筑史，另外还有每周两次的评图课。他还利用一切可能的时间来潜心钻研学术。

这样的思成，是徽因最为欣赏的。

当思成忙得不可开交的时候，金先生来了，他一声不响地帮助着思成和徽因。每天下午3点半，他准时来报到。他会带来各种书刊，且以新近出版的英文书刊为主，会挑选有关部分读给徽因听，也会拿一些关于哲学、美学、城市规划、建筑理论的书刊给思成用。

有时，张奚若、陈岱孙及建筑系的一些朋友也会陆续来。

下午茶，依然是梁家的主要节目。一群老友，一群知己，聊一些热爱的事情，岁月，就此有了可爱的模样。

这一年，思成开始构画中国建筑教育的未来。

他设想把营建系办成营建学院，下设建筑系、市镇规划系、造园系、工业技术学系。他还要培养一批又一批的建筑师。这是他毕生的理想，一如他说过的：

建筑师的知识要广博，要有哲学家的头脑，社会学家的眼光，工程师的精确与实践，心理学家的敏感，文学家的洞察力……但最本质的他应当是一个有文化修养的综合艺术家。这就是我要培养的建筑师。

当时，这理念是过于理想化的，然而，徽因始终是他最忠实的拥护者。

说来，她和思成皆是坚忍的理想主义者。

不过，她从不盲从。

她会毫无保留地讲自己的观点，会和思成因不同观点激烈争执，也会对思成的建筑教育构想给予高度肯定。

这样的她，与思成最为合拍。

所谓琴瑟和鸣，他们是最佳典范。

二

1948 年的秋天，徽因认识了女孩林洙。

彼时，女孩林洙因未能考入北平名校，而她学建筑的父亲听闻清华大学有先修班，便写信给林徽因拜请给予林洙一些学习上的帮助。

就此，林洙和彼时的男友程应铨一同来到北平。

她恰听闻徽因刚手术不久，身体虚弱，怕烦扰了徽因，故而迟迟未来梁家赴约。

倒是徽因，听说林洙已到北平，便托人将林洙找了来。

冥冥之中，这就是缘分吧！

多年以后，徽因离去，是林洙精心照料了她最爱的思成的生活。

后来，林洙有文回忆初见徽因时的情形：

> 我从梁家出来感到又兴奋，又新鲜。我承认一个人瘦到她那样很难说是美人，但是即使到现在我仍旧认为，她是我一生中所见到的最美、最有风度的女子。她的一举一动，一言一语都充满了美感，充满了生命，充满了热情。她是语言艺术的大师，我不能想象她那瘦小的身躯怎么能迸发出这么强的光和热。她的眼睛里又怎么能同时蕴藏着智慧、诙谐、调皮、关心、机智、热情的光泽。真的，怎能包含这么多的内容。当你和她接触时，实体的林徽因便消失了，而感受到的则是她带给你的美，和强大的生命力，她是这么吸引我，我几乎像恋人似的对她着迷。

只是，彼时她俩皆不知后来的岁月，她们会有那么密切、胶着的关系。或许，这就是缘吧，相识是缘，胶着亦是。

转眼，到了暮冬。

清华园里的生活一如既往，梁家客厅亦一如过往的热闹。但是，徽因他们皆知此时北平城里有暗流在翻滚。

据说，解放军已逼近北平城了。

从 11 月底开始，当局就企图迫使北平城的各高校南迁。清华园的师生因此展开了反迁校斗争。对于当局，他们早已失望。尽管国民政府拟定的"抢救"教授名单里有思成的名字，他和徽因还是决定留下来。

胡适夫妇走了，梅贻琦走了，陈寅恪走了……

但是，他们留了下来。

徽因铁骨铮铮地说："我们不做中国的'白俄'。"

于内心深处，他们眷恋不舍的，仍是那些熠熠生辉的充满美学意蕴的古建筑。

不久后，一个深夜，好友张奚若带着两个军人，敲响了他们家的门。

张奚若跟他们介绍说，这二位是解放军，此次拜访是有要事拜托。

原来，他们受解放军攻城部队的委托而来，向梁先生和林先生请教城里哪些文物建筑需要保护，希望二位古建筑研究专家在地图上标示出来，以便军队攻城的炮火可以避开，避免破坏。

如此拜托，无疑给两位热爱建筑如生命的人带来极大震撼。

当他们离开后，他俩失眠了。

"箪食壶浆，以迎王师。"他们脑海里，浮现出《孟子》里的章句。

态度谦和、言辞诚恳的两位军人，给思成和徽因带来了太多的感动。

次日，徽因便和思成一起带领学生们做起了这项工作。很快，他们将标示着北平城重点文物的地图交给了作战部队。

后来，他们还将一本夜以继日完成的《全国重要文物建筑简目》一书交了上去。

此举，对北平城乃至全国的古建筑保护做出了极大的贡献。

12月15日，解放军正式进驻北平海淀地区。几天后，学校门口贴出了如下布告：

查清华大学为中国北方高等学府之一，凡我军政民机关一切人员，均应本我党我军既定爱护与重视文化教育之方针，严加保护，不准滋扰，尚望学校当局及全体同学照常进行教育，安心求学，维持学校秩序。特此布告，俾众周知！

此布

政治部主任刘道生
中华民国三十七年十二月十八日

清华园，解放了。

为此，徽因专门让宝宝扶着自己，亲自去看了此布告。

前尘过往，虽忆起是一瞬，但其间点滴苦难唯经历过的人深知。徽因的眼底，有了泪花，这一刻，她在梦里、心里，盼了多少回！

这一年，徽因已四十四岁，缠绵病榻多年，不过，她的心中却充满了万千光芒。

三

1949年3月，徽因被聘为清华大学建筑系一级教授。

她主讲中国建筑史，并为研究生开设住宅概论等专题课。

热忱满满，激情四射，是她彼时的面貌。

她从人出发，亦从美学出发，还从情缘出发，人与人、人与建筑、人与自然，皆有兼顾。园林艺术、四合院的结构语言、城市的规划等等，都有讲到。

同死神角力，她再次成为胜利者。

此际的她，焕发着奇异炫目的光芒，如一朵绚烂的云霞。

是年5月，思成被任命为北京市都市计划委员会副主任，她则被任命为委员会委员。

8月，思成被任命为国旗、国徽评选审查委员会委员。

9月，她和清华大学的十位教师，接受了设计国徽的任务。

彼时，徽因的事业可谓如日中天，然而身体却大不如前。多年病痛将她折磨得一身瘦骨。不过，她心态极好，始终积极向上，将最大的热情都交付于事业和生活。

她从不因为病痛而辜负怠慢事业和生活，这是她最令人敬佩的地方。

在接受设计国徽的重任后，她孜孜不倦、夜以继日地钻研着，家

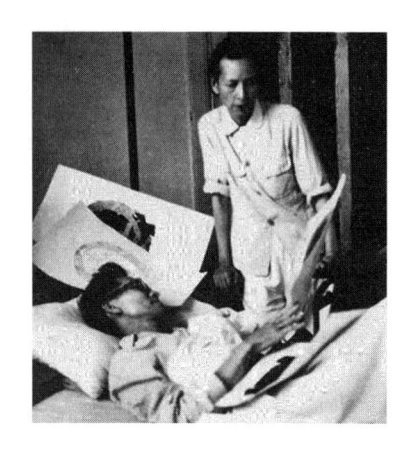

1950年，林徽因与病中的梁思成讨论国徽方案

中到处铺有她的设计稿。她拖着柔弱的病体，终日忙碌于房间内，辗转于图纸之间。

这就是她，只要决定做，就必全力以赴，哪怕让她预支将来的时光，亦在所不惜。

回报，总是馈赠于辛勤付出的人。

次年，历经三个多月的努力，国徽设计图案终于完成，并在中南海怀仁堂进行评选。最后，周总理经过广泛征求意见后，选中了徽因参与的清华小组的设计图案。

她在诸多学术专家中脱颖而出，当真"巾帼不让须眉"。

1950年9月20日，中央人民政府主席毛泽东正式签发主席令，公布他们设计的国徽图案为中华人民共和国国徽。

一切，尘埃落定。

如此硕果，于她而言是人生最大荣光。

这一年，她还被任命为北京都市计划委员会委员兼工程师，并提出修建"城墙公园"的美好设想。

她仍病骨瘦身，人生却如繁花绽放。

有人说，若只读她的诗，眼前浮现的定是一个清秀娉婷的温婉女子，不染尘烟。

不过，现实里的她却不似我们所想象的。

她坚忍、执着、热情，如一团炽热的火，燃烧着自己的人生。

她是活在当下，令人钦佩的女子，一如夜空中最亮的那颗星！

绚烂

一

徽因是女神,却绝非不食人间烟火,远在不可触摸的天边。

她始终活在当下,吃五谷杂粮,行世俗凡事,接地气,有自我,并且始终活得努力。后来几年的徽因,更是如此。

她几乎将所有的精力都付诸自己热爱的事业上,或许,她已深有迟暮之感了。

往后余生,她最想做的,就是让自己更好地活在当下。

她不舍得再浪费一丝光阴。

1952年,思成和刘开渠主持设计人民英雄纪念碑,徽因被任命为人民英雄纪念碑建筑委员会委员。彼时,她的身体状况已经很糟糕,身边许多亲友都劝她歇息下,好好养养病,然而,固执的她觉得生命在于参与,仍执意要抱病参与设计。

时常,她会彻夜不眠,收集古今中外的纪念性建筑资料,反复比较;绘制无数的草图,且一遍遍推敲。

带病工作的林徽因与同事讨论图稿

不久,她还是累倒了,再次卧床不起。

可是,她仍不放弃工作,跟助手关肇邺一起,不厌其烦地继续着推敲、研究,最终完成了须弥座的图案设计。

同年5月,为了迎接即将到来的建设高潮,她更是不顾病体,和思成一起翻译了《苏联卫国战争被毁地区之重建》一书,并由上海龙门书局印行,为国家建设提供了宝贵的借鉴。

以后的日子,她更是繁忙不已。

应杂志之约,她在极短的时间里撰写了《中山堂》《北海公园》《天坛》《颐和园》《雍和宫》《故宫》等一组介绍我国古建筑的文章。

如此大的工作量,健康的人都吃不消,更何况她还是一个病人。

不过,她始终甘之如饴。

同年,她还抱病拯救了濒临消亡的景泰蓝传统工艺产业。

她联合高庄、莫宗江、常沙娜、钱美华、孙君莲等人一起深入为数不多的景泰蓝工厂，进行调研。一番调研后，她知晓若要挽救景泰蓝这一产业，必须进行工艺革新，于是她和小组成员设计了一批极具民族风格的新颖图案。

印有他们设计图案的景泰蓝礼品，深受"亚洲及太平洋区域和平会议""苏联文化代表团"成员欢迎。

优雅若暗香，景泰蓝传统工艺就此得以传承。

素来，大家提及徽因时，总论她之美、她之才，却鲜少有人提及她在建筑设计方面的成就。实则，她为此付出过超出常人太多的心血。

同样，其他领域里的贡献亦多。

二

在徽因的生之岁月里，人生始终是一支曲子，而她始终是个孜孜不倦的歌者。

伤痛也好，快乐亦好，她永远在歌唱，不带哀怨，呢喃细语，柔软着世人的心。

不虚度时光，坚忍、努力、阳光的徽因，是世人仰慕的美好的样子。

在最后的时日里，她仍努力在自己的岗位上奋斗。

作为北京市都市计划委员会的一员，她与思成，一直主张北京城市的建设需以保护古城风貌为前提,坚决反对拆毁古城墙、城门、城楼、重要古建筑。

然而,当时主持工作的北京市委领导,仍决定拆掉城墙、城楼。

他们言,要拆除封建残余。

为此,徽因不顾病体,义愤填膺地与他们辩论:

你们拆的是具有八百年历史的真古董!将来,你们迟早会后悔,那个时候你们要盖的就是假古董!

一语成谶。

后来,北京城的地安门、广安门、广渠门等,接连被拆除。老北京城已不复存在。而今,再被提及,只留千万遗恨。

曾有人写过这样的句子:"林徽因向来是一个群体的中心,不管是远远向往着的群众,还是登堂入室加入她的沙龙的客人,旁人得到的画像,总是一群男人如壁脚灯一样抬头仰望她,用柔和的光线烘托她,愈发显得她眼波流转,顾盼生姿。"

这中心,不是凭空而来,是她付出千万倍努力才得来的。

她阅尽人世繁华,但从不迷失自己,她总有本领让自己变得更好。

即便是在战争时期,她困居一隅,穿着朴素,拎着瓶子上街买油买菜,她仍努力将自己打扮得得体,被无数人视若星辰。

徽因的最后十年,更是如此。

她有着非凡的毅力,虽然身体状况糟糕,她却不愿在病榻上度过。事实上,以她的性情,她也绝不会允许自己这样度日的。

在这十年里,她以自己的毅力、乐观、豁达创造了生命里最后的传奇。

纷繁的尘世里,她曾写下《时间》:

> 人间的季候永远不断在转变
> 春时你留下多处残红,翩然辞别,
> 本不想回来时同谁叹息秋天!
>
> 现在连秋云黄叶又已失落去
> 辽远里,剩下灰色的长空一片
> 透彻的寂寞,你忍听冷风独语?

时间的流逝里,谁都要翩然地辞别。

碧海云天、黄叶飘零的清秋里,她比谁都知道自己时日无多,草木枯荣、月有圆缺,人生聚散总有之。

她早已淡然,泰然处之!

三

时光,是一把残忍的刀。

它从不对谁手软,也不曾放过谁。

病榻上的林徽因

　　五十岁的徽因,还是被病魔打倒了。她先是因不敌郊外的风寒,由清华园搬到了城里,此后不久,病情就恶化了。

　　时值萧瑟的深秋,她住进了北京同仁医院。

　　这些年,她一直用坚强来抵抗病痛,终还是累倒了。年岁毕竟不饶人,五十岁了,于健康的人而言拼搏已是吃力,更何况疾病缠身的她。

　　她已无法再似过往那般,即便病痛卧床,依然可用手中那支笔不断耕耘。

　　她曾写过一首《雨后天》:

　　　　我爱这雨后天,
　　　　这平原的青草一片!

> 我的心没底止地跟着风吹,
> 风吹:
> 吹远了香草,落叶,
> 吹远了一缕云,像烟——
> 像烟。

她的人生也如那一缕云,渐行渐远。

病重的她,突然提出要和张幼仪见一面。

和志摩的过往,这么多年她未曾提及,然而在生命的最终她不想再隐藏。善缘也好,孽缘也罢,总之是缘分。

她不要自己留下的遗恨太多。

对于张幼仪,她心中始终是怀有歉意的。尽管,志摩从未爱过张幼仪,然而若是没有她的出现,或许志摩不会那么决绝地转身离张幼仪而去。因此,在生命的最后,她仍是要亲口对张幼仪说一声抱歉。

后来,张幼仪在自传中提及这次见面:

> 一个朋友来对我说,林徽因在医院里,刚熬过肺结核大手术,大概活不久了……做啥林徽因要见我?我要带着阿欢和孙辈去。她虚弱得不能说话,只看着我们,头摆来摆去,好像打量我,我不晓得她想看什么。大概是我不好看,也绷着脸……我想,她此刻要见我一面,是因为她爱徐志摩,也想看一眼他的孩子。

或许吧，世间情爱最无法明鉴是非。

张幼仪走后，徽因不愿也不想再见谁。她是真的累了，坚强走过的这一生，其间冷暖自知，这刻，仅这刻，她开始渴望一个人的世界。

世间再喧哗，与她已无关。

停止颠沛，不累于外物，只与自己和解。

热爱生活，挚爱人间四月天的她，终于度过了寒冬，来到了温暖的四月。

一树一树的花开，云儿飞、鸟儿鸣，阳光和绿意充盈，恍然间，她找到了灵魂的归宿。

一切尘归尘、土归土，浮生尘世再无执念。

1955 年 4 月 1 日，她病逝于北京同仁医院，享年五十一岁。

春和日暖，她的身边，有悲痛欲绝的思成陪伴。

4 月 2 日，《北京日报》发表讣告，治丧委员会由张奚若、周培源、钱端升、钱伟长、金岳霖等十三人组成。

最伤心的，莫过于金岳霖了。

这个守护了她一生的男子，自此后唯依靠着稀薄的回忆走完余生。他写了这样的挽联——"一身诗意千寻瀑，万古人间四月天"，如此贴切地概括了徽因诗意美好的一生。

无法说在她生命中最爱她的三个男子之中，谁是最爱她的人，但最懂她的，应是金岳霖。

只是，他情牵一生终未曾拥有。

世事，便是如此吧。

她被安葬在八宝山革命公墓，思成亲自为她设计了墓体，莫宗江书写碑名：建筑师林徽因墓。

至此，一代才女走完了她绚烂美好的一生。

春事既歇，芳菲已尽。

隔着时空的风烟，她在时光里永远风华绝代！

她这一生，从不将自己局限于风花雪月、柴米油盐。

她心中有热爱，眉间显山河，于岁月里将生活过得热气腾腾。

真好！

© 中南博集天卷文化传媒有限公司。本书版权受法律保护。未经权利人许可，任何人不得以任何方式使用本书包括正文、插图、封面、版式等任何部分内容，违者将受到法律制裁。

图书在版编目（CIP）数据

心中有丘壑，眉目作山河：林徽因传 / 桑妮著. --长沙：湖南文艺出版社，2024.12
ISBN 978-7-5726-1199-5

Ⅰ.①心… Ⅱ.①桑… Ⅲ.①林徽因（1904-1955）- 传记 Ⅳ.①K826.16

中国国家版本馆CIP数据核字（2023）第094852号

上架建议：文学·人物传记

XINZHONG YOU QIUHE，MEIMU ZUO SHANHE：LIN HUIYIN ZHUAN
心中有丘壑，眉目作山河：林徽因传

著　　者：桑　妮
出 版 人：陈新文
责任编辑：刘雪琳
监　　制：于向勇
选题策划：沐读文化
策划编辑：楚　静　徐　妹
特约编辑：张晓虹
营销编辑：时宇飞　黄璐璐　邱　天
装帧设计：创研设
出　　版：湖南文艺出版社
　　　　　（长沙市雨花区东二环一段508号　邮编：410014）
网　　址：www.hnwy.net
印　　刷：三河市鑫金马印装有限公司
经　　销：新华书店
开　　本：875 mm×1230 mm　1/32
字　　数：200千字
印　　张：7.5
版　　次：2024年12月第1版
印　　次：2024年12月第1次印刷
书　　号：ISBN 978-7-5726-1199-5
定　　价：56.00元

若有质量问题，请致电质量监督电话：010-59096394
团购电话：010-59320018